NAVEGANDO EL UNIVERSO

Kabbalah Publishing es una marca registrada de The Kabbalah
Centre International, Inc.

Para más información:

The Kabbalah Centre
155 E. 48th St., New York, NY 10017
1062 S. Robertson Blvd., Los Angeles, CA 90035

Número gratuito en Estados Unidos: 1 888 806 3045

Otros números de contacto: es.kabbalah.com/ubicaciones

es.kabbalah.com

Primera edición en inglés
febrero 2011

Primera edición en español
enero 2014

Impreso en Canadá

ISBN 978-1-57189-906-4

Diseño: HL Design (Hyun Min Lee) www.hldesignco.com

KABBALAH
CENTRE
PUBLISHING

NAVEGANDO
EL
UNIVERSO

Un mapa para entender las influencias
cósmicas que dan forma a nuestra vida

RAV BERG

Para mi esposa

Karen

En la inmensidad del espacio cósmico

y la infinidad de vidas,

es mi dicha compartir un alma gemela

y una era de Acuario contigo.

ÍNDICE

INTRODUCCIÓN

¿Cómo alguien

que vivió hace unos mil años atrás

llegó a poseer tanto conocimiento?

Hasta mediados del siglo XVI, los cosmólogos estaban convencidos de que la Tierra era el centro neurálgico del universo. El Sol orbitaba alrededor de una Tierra plana y perfectamente estática. Los demonios causaban enfermedades. Los locos hibernaban en la Luna. Y todo aquel que cometía la temeridad de sugerir lo contrario, era inmediatamente encarcelado, torturado y quemado en la hoguera.

En verdad, la ciencia astronómica fue seguida (y en cierta forma perfeccionada) mucho antes de que Nicolaus Copernicus demostrara finalmente que, en realidad, la Tierra da vueltas alrededor del Sol. Los astrólogos habían estado registrando durante siglos los complejos movimientos de las constelaciones y eran capaces de hacer predicciones acertadas basándose en sus observaciones. Algunos de estos astrólogos/astrónomos fueron los kabbalistas. Privilegiados en su entendimiento de la unidad del esquema celestial, poseían un amplio dominio de las fuerzas cósmicas.

El interés de los primeros kabbalistas en la astronomía no estaba en determinar el tiempo, las estaciones o los calendarios. Ellos preguntaban: *¿Por qué* la Tierra da vueltas alrededor del Sol? ¿Qué controla las influencias astrales? ¿Dónde encaja el hombre en el esquema cósmico?

El Kabbalista italiano Shabbatai Donolo (913-982 d.C.) fue también un famoso físico y astrónomo. Su conocimiento de los firmamentos lo adquirió de la revelación del *Sefer Yetsirá*, (*El Libro de la Formación*). Sus descripciones precisas de los cuerpos celestiales, sus patrones y condiciones climáticas eran tan avanzadas que hasta el día de hoy siguen desafiando a la mente científica.

¿Cómo pudo alguien que vivió hace mil años llegar a poseer tanto conocimiento?

Para Donolo parecía claro que para conocer el firmamento es necesario tener conocimiento de la Realidad Fundamental. Obviamente, esto requería información que se halla más allá de los confines de nuestra prisión terrestre: la barrera de nuestro entendimiento.

El *Zóhar* (*El Libro del Esplendor*) proporcionó a Donolo el conocimiento del gran diseño cósmico. A través del estudio y la aplicación de la sabiduría revelada en el *Zóhar*, obtuvo acceso a los misterios de las relaciones interplanetarias, incluidos los movimientos externos de las entidades celestiales, sus orígenes y las energías internas únicas que los motivaron en primer lugar.

A partir del *Zóhar*, Donolo y sus compañeros kabbalistas aprendieron muchas cosas. Descubrieron, por ejemplo, que todo lo que está Abajo, es decir todo lo que está en el plano terrestre, corresponde exactamente a aquello que está Arriba en el reino celestial. Este es el significado oculto de las palabras del *Zóhar* que afirman: "Y Dios creó al hombre a Su imagen, a imagen de Dios lo creó" (*Génesis* 1:27). Porque el misterio del hombre Abajo corresponde enteramente al secreto Arriba. En este Firmamento que está Arriba, que lo cubre todo, se establecieron las impresiones para mostrar y saber, a través de estas impresiones, cosas y secretos ocultos. Estas son las formas de las estrellas y las constelaciones grabadas y fijadas en este Firmamento, que cubre externamente. De forma similar, la piel que cubre al hombre del exterior es como el Firmamento que lo cubre todo, pues tiene líneas e impresiones, las cuales se consideran un aspecto de las estrellas y las constelaciones de esta piel. Uno puede percibir en ellas cosas ocultas y misterios profundos de las estrellas y las constelaciones que son las impresiones y las líneas de la piel, a través de las cuales los sabios de corazón pueden estudiarlas y discernir los secretos ocultos en ellas, como hemos afirmado. Y este es el secreto de: "los astrólogos, los astrónomos". (*Isaías* 47:13) (El *Zóhar*, Yitró 11:129-130).

Otro método utilizado por los primeros kabbalistas para penetrar en los secretos del cosmos fue el estudio de las letras hebreas, cada una de las cuales está imbuida de una energía-inteligencia particular e inmensa. Cuando se comprende adecuadamente, el alfabeto hebreo describe cómo la Energía Divina se diversificó en sus formas variadas, cómo se manifiesta cada energía, el papel que cada una de ellas tiene en la estrategia cósmica e incluso cómo nació cada una de las constelaciones.

Fue a través del *Zóhar*, el alfabeto hebreo y el entendimiento del cuerpo humano como los primeros kabbalistas penetraron en los secretos del universo físico, al mismo tiempo que iluminaron los orígenes y las dimensiones esotéricas más profundas del camino kabbalístico.

A través del estudio y la cuidadosa aplicación de los principios kabbalísticos, aprendemos a entender y satisfacer nuestras necesidades más profundas y las necesidades de los que nos rodean.

A diferencia de la sabiduría astrológica convencional, que afirma que las acciones del hombre están predeterminadas por las estrellas, la astrología kabbalística explica que el individuo nace en un entorno astrológico que es el más adecuado para la finalización de su *tikún* o ciclo de corrección. Esto, sin embargo, no implica que haya una falta de libertad de elección individual. Tenemos muchos futuros posibles. Si una encarnación anterior nos ha destinado a vivir momentos difíciles, podemos, con el uso de la sabiduría que nos proporciona la Kabbalah, convertirnos en los capitanes de nuestro propio barco, en los dueños de nuestro destino.

¡A navegar!

PRIMERA PARTE

LA FUERZA, REALIDAD Y FUTURO

1. LA FUERZA

¿Es el universo

una especie

de máquina compleja, o

un organismo de inspiración divina?

Desde el inicio de los tiempos, la humanidad ha buscado las posibles relaciones entre el movimiento del Sol, la Luna, los planetas y los eventos que ocurren en la Tierra. Profundiza en el estudio de la antigüedad y encontrarás innumerables referencias a patrones y eventos celestiales. Los antiguos griegos, los mayas, los persas, los egipcios y los nativos americanos, por nombrar algunos, observaron y registraron patrones y eventos celestiales y fueron capaces de hacer predicciones de acuerdo a sus observaciones. Ciertamente, fueron estas primeras observaciones de los ciclos de la Luna y del Sol las que posteriormente proporcionaron calendarios a las generaciones posteriores de astrónomos, los cuales fueron gradualmente mejorados a medida que las observaciones de las cuales derivaban se repetían y se refinaban.

Muchos consideran la astronomía como la más sofisticada de todas las ciencias. El astrónomo, después de todo, tiene la desconcertante tarea de tratar con objetos y espacios que están tan distantes que aparentemente impiden cualquier experimentación científica verificable. Sin embargo, el panorama del origen de nuestro universo que presenta la astronomía es inconcluso; el problema radica en que, como todas las ciencias, la astronomía debe limitar su investigación únicamente a la observación de los síntomas, las apariencias y los acontecimientos externos.

Los textos kabbalistas clásicos revelan una abundancia de datos. Ciertamente, las observaciones astronómicas realizadas por Abraham el Patriarca (1800 A. E. C.), el primer astrólogo/astrónomo verdadero de la historia, las cuales fueron decodificadas por el *Zóhar* (70 D. E. C.), revelaron informaciones que en muchas formas exceden lo que conoce la ciencia de la astronomía en la actualidad.

Para el kabbalista es de una importancia esencial alcanzar una comprensión completa de los acontecimientos que motivan las acciones, tanto físicas como metafísicas. El kabbalista contempla las estrellas no para recopilar información, sino para obtener conocimiento, conocimiento de sí mismo y de su lugar en el esquema cósmico.

Como kabbalista, he pasado muchos años buscando respuestas al *por qué* la Tierra gira alrededor del Sol, y dónde está la fuente del impulso para esta actividad sostenida.

En las primeras etapas de mi investigación, se me ocurrió que el universo no sabe nada acerca de la fragmentación o separación a la que se ve sometido por la ciencia. Así pues parecía que el mundo, el esquema celestial en su totalidad, tuviera que ser comprendido por completo al alcanzar un entendimiento total del lugar que uno mismo ocupa en la totalidad cósmica.

Mi búsqueda de una respuesta me llevó al *Zóhar*, el texto clásico de la Kabbalah y la llave que abre el código cósmico contenido en la Biblia: "Conoció Adán a su mujer Eva, la cual concibió y dio a luz a Caín". (*Génesis* 4:1)

El *Zóhar* pregunta: "¿Cómo puede el acto de conocer crear una vida?". El *Zóhar* explica que "conocer es la conexión". Obviamente, tuvo lugar un acto sexual físico, pero esa no es la cuestión que plantea el *Zóhar*. La información sólo puede convertirse en conocimiento para nosotros cuando el entendimiento nos llega a través de nuestra propia experiencia personal de éste. Entonces la información se transforma en conocimiento.

"Y para aquellas personas que no 'conocen', pero tienen un deseo de entender", el *Zóhar* dice en *Emor*: "reflexiona sobre lo que se revela y se hace manifiesto (en este mundo), y conocerás lo que está oculto, ya que todo lo que está Arriba (metafísico) y Abajo (corpóreo) es lo mismo. Pues todo lo que creó el Señor de una forma corpórea sigue un modelo de lo que está Arriba".

Aquí descubrimos la revelación kabbalística de elementos invisibles: lo oculto no entra y no puede entrar en conflicto con las acciones y las interacciones subsiguientes. Aun el problema más intratable puede resolverse reuniendo tantos datos como sea posible a partir de la observación, y examinando cuidadosamente estas observaciones para determinar si encajan con la suposición original. Este es el significado del dicho kabbalístico: "Mira a tu alrededor para determinar la verdad".

A diferencia del astrónomo que observa el universo como una especie de máquina grandiosa y compleja, el kabbalista lo ve como un organismo vivo de inspiración divina que respira.

2. LA ALEATORIEDAD

¿Obedecen los acontecimientos físicos

a algún criterio invisible y metafísico?

¿Vivimos en un entorno caótico, un cosmos que surgió de la nada, sin causa ni propósito, y que ahora funciona de una forma puramente aleatoria?

¿Es el universo aleatorio u obedecen los acontecimientos físicos a algún criterio invisible y metafísico, siendo aleatorios sólo en apariencia?

Según la forma de pensar del kabbalista, la búsqueda de la aleatoriedad es un ejercicio inútil. Si el *Big Bang* hubiera sido un acontecimiento aleatorio, la uniformidad excepcional que encontramos en todo el mundo sería imposible. Una simple mirada a un copo de nieve, o a una flor, o a la vasta extensión del espacio, deja pocas dudas de que el universo es una entidad altamente estructurada, aunque una que está inmersa en una actividad asombrosamente complicada.

El universo, desde un punto de vista kabbalístico, fue creado en un estado Divino de puro orden y estructura, y así sigue siendo.

El universo divinamente ordenado estaba inherente en el deseo de la Fuerza de compartir infinitamente su beneficencia. ¿Cómo se las arregla uno para reconciliar la paradoja aparente entre el orden del universo tal como lo describe la Kabbalah y el universo de caos e incertidumbre que presenta la Mecánica Cuántica?

Para poder alcanzar un acuerdo con esta proposición debemos empezar replanteándonos el mito que rodea a la resolución de problemas. La gran mayoría de nosotros hemos sido programados para resolver dificultades a través de la intervención sintomática o tecnológica. Más que resolver problemas, este enfoque meramente los cambia de sitio, creando una red aun más compleja de sufrimiento humano.

En lugar de lidiar con los problemas a medida que se vuelven manifiestos, los kabbalistas nos piden que redirijamos nuestro pensamiento hacia la búsqueda de nuestros orígenes y de las causas subyacentes.

Los kabbalistas nos preguntan por qué ocurrió el problema en primer lugar, en lugar de estudiar los síntomas de las manifestaciones externas del problema.

Reafirmar la idea de "aleatoriedad" como verdad es demostrar una actitud egoísta cuando se tratan fenómenos inexplicables. Por muchos datos e información que uno tenga sobre el universo, por muy profunda que sea nuestra comprensión del mundo externo, nunca podemos alcanzar nada más que una especie de conocimiento sintomático cuando estudiamos sólo las apariencias externas. Esto es como intentar entender una tortuga mirando sólo su caparazón.

En la actualidad, nuestra sociedad se rige por el pensamiento sintomático. Incluso nuestros líderes mundiales son ciegos a los orígenes del conflicto y del desequilibrio mundial, y en su lugar se concentran en los procesos externos. La consecuencia más severa de este desequilibrio dinámico es la amenaza creciente de destrucción mundial, ocasionada por un exceso de énfasis en la autopreservación, la autoafirmación y una pasión por tener la razón. En el corazón de la visión kabbalística acerca de los patrones de comportamiento que dominan a la humanidad, encarnados en nuestras instituciones sociales, están la preponderancia y el dominio de la energía-inteligencia negativa.

De acuerdo con la ancestral sabiduría kabbalística, hay dos universos paralelos, uno sumamente ordenado, y el otro aleatorio y caótico. El primero es real, el segundo es ilusorio. Sin embargo, ambos son el resultado de una única causa claramente comprensible. *Para lograr una integración equilibrada y armoniosa de estos dos elementos es necesario que cada individuo tenga el conocimiento de esa parte de sí mismo que nació en el caos, mientras que al mismo tiempo recuerde la parte más grande de sí mismo pertenece al todo unificado.* Así, el individuo conserva su independencia, mientras que al mismo tiempo permanece conectado a la Fuente Suprema de su ser.

Una única Fuerza omnipresente es la motivación y la influencia que sustenta a toda la existencia, física y metafísica, ilusoria y real. Sólo el aspecto ilusorio de la existencia se comporta de una forma aleatoria. El aspecto real, la Fuerza de Luz Infinita (o *Ein Sof*) es constante, eterno y totalmente predecible; pues la Luz sólo tiene una aspiración, que es compartir sus infinitas bendiciones.

Contrariamente a lo que pueda parecer, no hay caos en el universo.

3. UNIVERSOS PARALELOS

¿Por qué la desgracia

y la incertidumbre

causan una impresión

tan profunda en nuestra vida?

Durante siglos los filósofos y teólogos han estado predicando sobre la necesidad de que haya armonía en el mundo. En este siglo, los psicólogos, los terapeutas y los trabajadores sociales han aceptado el reto, desarrollando técnicas para la resolución de conflictos, pero todo ha sido en vano.

Si esperamos resolver nuestros problemas y restaurar un equilibrio dinámico en el mundo, será necesario que cada individuo adopte un nuevo enfoque del universo y de su lugar en éste. Tal perspectiva es descrita por la Kabbalah.

Rav Isaac Luria (el Arí) dividió toda la existencia en dos aspectos que llamó las "Fases de Círculos y Rectas" (*Las Diez Emanaciones Luminosas*, Vol.2, Rav Áshlag, págs.76-79). Él eligió el círculo, puesto que no tiene principio ni final, para simbolizar lo que es eterno, y la línea para representar lo finito; en otras palabras, al tener un principio, una mitad y un final, la eligió para representar el aspecto temporal de la existencia.

Según el Arí, la realidad de los Círculos, a diferencia de la realidad de las Rectas, no sufre de fragmentación. Sólo el reino de las Rectas debe soportar el dolor y las dificultades del caos y el desorden. Quizás la distinción más importante entre los dos aspectos de la existencia descritos por Luria es que el reino de la Rectitud es una ilusión, y el reino de los Círculos es real.

El tiempo, el espacio y el movimiento no existen en el marco de los Círculos. El hecho de que la mente humana no pueda entender la unidad circular, no limita de ninguna manera la realidad holística de la cual estamos hablando. La Luz de los Círculos está aquí en toda su gloria infinita, sólo que nosotros no podemos verla.

Todos los aspectos del sufrimiento: la enfermedad, la privación, la disfunción familiar, son todos ellos propios del reino de las Rectas. La duda, la incertidumbre y la falta de satisfacción están gobernadas por el aspecto linear de la existencia. El mundo de la Rectas, en otras palabras, es el mundo que la mayoría de nosotros experimentamos.

Si en efecto el universo perfectamente circular está aquí ahora mismo, entonces, ¿por qué la desgracia y la incertidumbre causan una impresión tan profunda en nuestra vida diaria?

Tal como la define la Kabbalah, la palabra "creación" está íntimamente vinculada con el concepto del libre albedrío. La creación del mundo físicamente observable, incluidos el tiempo y el espacio, permitieron a la humanidad la expresión corporal del *Deseo de Recibir Sólo para Uno Mismo*, el cual a su vez nos dio la oportunidad de eliminar lo que la Kabbalah conoce como *El Pan de la Vergüenza*.

La historia kabbalística de la Creación nos enseña que antes de que se creara el universo, nosotros, las vasijas, no teníamos ningún papel en el esquema cósmico, excepto el de ser los receptores de la infinita beneficencia de la Fuerza. Esta situación produjo en nosotros, las almas todavía indiferenciadas de la humanidad, vergüenza al estar recibiendo algo que no nos habíamos ganado. Así pues, la Luz, cuyo único deseo es compartir su abundancia infinita, pero que no podía ni puede compartir a menos que haya un receptor dispuesto, eligió restringir sus bendiciones infinitas para que nosotros las vasijas pudiéramos compartir en el proceso de la creación. Esta restricción (conocida por la ciencia como el Big Bang y para los kabbalistas como el *Tsimtsum*) causó una división ilusoria entre la Fuerza y las vasijas. Y así fue como nació el universo físico. (*Las Diez Emanaciones Luminosas*, Vol.1, Rav Áshlag, pág.67).

El universo lineal empezó a existir con el propósito expreso de hacer que la humanidad se involucrara como un participante dispuesto en el proceso creativo. Sin embargo, el universo de los Círculos no sufrió ningún cambio. La certeza, la continuidad y la satisfacción, aspectos de la realidad omnímoda de la Fuerza, no desaparecieron. Más bien tuvo lugar una separación ilusoria entre la Luz y las vasijas, lo cual permitió que las vasijas encontraran una forma de ganarse la benevolencia suprema de la Luz. Y desde aquel día, la única forma que tenemos las vasijas de reunirnos con el reino de los Círculos es recreando el primer acto de la Creación, que fue la restricción, y así quitar de nuestros hombros la carga del *Pan de la Vergüenza*.

En la verdad, tal y como la percibían los antiguos kabbalistas, es fundamental la idea de un cosmos bello y abundante, con la humanidad en el papel central como co-creadora que determina su destino. Con la creación de la realidad física ilusoria, se le brindó a la humanidad la opción de elegir cuándo, dónde y bajo qué condiciones causaríamos que se revele la Luz. Esto ocurrió en virtud del precepto kabbalista de "no hay coerción en la espiritualidad". Después del *Tsimtsum* (la restricción original), ni siquiera la Fuerza de Luz podía dictar los términos bajo los cuales nosotros, las vasijas, recibiríamos las bendiciones de la Luz.

La restricción dio nacimiento a los dos principios motivadores de los mundos de las Rectas y los Círculos: El *Deseo de Recibir Sólo para Uno Mismo* y el *Deseo de Recibir con el Propósito de Compartir*. Si un individuo elige sucumbir al aspecto negativo del deseo, permanecerá en la oscuridad. Sin embargo, si toma en cuenta el propósito de la Creación, la eliminación del *Pan de la Vergüenza*, entonces alcanza un cambio en el estado de conciencia que lo conecta con el universo paralelo de los Círculos. Al recrear el *Tsimtsum*, el acto original de la creación, a nivel personal, la ilusión de la aleatoriedad, la incertidumbre, el dolor, el sufrimiento y el mal desaparecen.

El universo de los Círculos yace latente en cada uno de nosotros. La idea de dos realidades separadas y distintas es un concepto que no es fácil de entender. Un desafío fundamental al cual nos enfrentamos en la actualidad es la expansión del universo. El kabbalista ha establecido que la expansión del universo es el resultado de la creciente actividad del aspecto negativo del deseo. El estado de la expansión universal es ilusorio, pero la ilusión es esencial para el proceso cósmico.

Los descubrimientos cuánticos no han probado que nuestro universo sea aleatorio e incierto. Más bien la Mecánica Cuántica simplemente sugiere que la mente consciente no puede entender toda la realidad de una sola vez. A pesar de que, dadas nuestras capacidades actuales, el universo circular es científicamente indetectable, los científicos continúan persiguiendo una teoría de la gran unificación porque algo les dice que más allá de la cuántica existe una realidad metafísica: una realidad similar al precepto kabbalístico de los Círculos.

El universo de las Rectas o Lineal surgió como un resultado directo del deseo de las vasijas de eliminar el *Pan de la Vergüenza*. La vasija, y no la Fuerza, fue la que dio inicio a la aparición del universo Lineal que incluye el tiempo y el espacio, la aleatoriedad y la ilusión. La Fuerza, en otras palabras, cambió Su actividad de compositor a arreglista. A partir de aquel momento, la música del universo dependería del comportamiento de la humanidad. Visto desde esta perspectiva, vemos como el universo físico entero se convierte en el medio de expresión del deseo del hombre.

Por lo tanto, hablamos de universos paralelos. Uno es el universo Lineal, que está gobernado por el aspecto negativo del deseo; el otro es el universo Circular, que se revela a través del *Deseo de Recibir con el propósito de compartir* positivo. Estos dos aspectos del deseo, que son análogos a los polos positivo y negativo de un imán, nos imparten el suficiente libre albedrío para aliviar el *Pan de la Vergüenza*. Al mismo tiempo, coartaron nuestra capacidad para ver las cosas como son realmente.

La Kabbalah revela los principios a través de los cuales trascendemos el *Pan de la Vergüenza* y accedemos al universo divinamente ordenado de los Círculos. Con la actitud adecuada de restricción o resistencia, podemos atravesar la ilusión de la oscuridad y obtener acceso a la Luz eterna.

4. EL BELLO COSMOS

¿Por qué los profetas y

los kabbalistas

le han dado tanta importancia

al "conocimiento"

y al "saber"?

Rav Isaac Luria (El Arí), el fundador de la Kabbalah Luriánica, enseñaba que sólo el universo linear es caótico y asimétrico; el universo circular paralelo es simétrico en todas las formas. El universo metafísico circular es la imagen de la perfección absoluta, predecible y sumamente ordenado. Es el Jardín del Edén, que un día será revelado en su esplendor original inmaculado.

¿Es posible que estas dos fuerzas aparentemente opuestas, el orden y el caos, puedan estar armonizadas algún día?

Durante tres siglos, la física ha tenido un gran éxito en apartar al hombre de sí mismo y de su entorno. Sin embargo, hay señales de cambio en el horizonte. La ciencia cuántica está ofreciendo nuevas perspectivas sobre lo que constituye la realidad; y los astrofísicos, por su parte, están descubriendo el vínculo íntimo de la humanidad con el cosmos.

En 1927, el famoso físico Niels Bohr acabó con la idea clásica de la objetividad. Dejó de prevalecer la idea de que el mundo tenía un estado definitivo de existencia independiente de nuestra observación. La interpretación de Copenhague de aquel año mantenía que en el nivel subatómico el mundo que vemos depende de cómo lo observamos y, lo que es más importante, en lo que elegimos ver. El indeterminismo del mundo subatómico o mundo cuántico implicaba que lo que los científicos tradicionalistas llamaban visión "objetiva" de los fenómenos físicos debía ser reemplazada por una nueva perspectiva de la realidad creada por el observador.

Rav Isaac Luria presagió este nuevo y radical rol de la conciencia en la física, e incluso lo llevó un paso más allá afirmando que el término "observador" y "participante" debían ser reemplazados por el término "determinante". (*Los Escritos del Arí, La Puerta de la Conciencia Elevada*, Rav Isaac Luria, pág.10).

El Arí describe lo que ocurre cuando la conciencia afecta a la materia: "Cuando una persona lleva a cabo una buena acción, manifiesta y adquiere una fuerza de vida inteligente positiva. Toda la esencia que está en el interior de nuestro universo ha sido estructurada por las acciones del hombre. Pues incluso el sonido que emana una piedra al ser golpeada por una vara no es en vano. Mantiene su lugar adecuado en el cosmos. Incluso de la palabra hablada del hombre se crean fuerzas de vida angélicas y metafísicas. Estas mismas fuerzas se convierten en canales integrados con la totalidad del cosmos. Luego éstos conectan con las almas de los justos del pasado. A través de esta interconexión, estas formas de vida de energía inteligente sirven luego como proveedoras de inteligencia cósmica.

Éstas ayudan al creador (hombre) de estas fuerzas que se han convertido en canales para las inteligencias cósmicas" (*Los Escritos del Arí, Puerta de la Conciencia Elevada*, Rav Isaac Luria, pág.5).

De forma similar, en su libro *Implications of Metaphysics for Psycho-Energetic Systems* (Implicaciones de la metafísica para sistemas psico-energéticos), el físico Jack Sarfatti escribió: "Una idea de gran relevancia para el desarrollo de los sistemas psico-energéticos es que la estructura de la materia podría no ser independiente de la conciencia".

Las personas espirituales conectan frecuentemente con la realidad unificada que lo abarca todo. Por otra parte, los individuos centrados en sí mismos, al negarse a soltar la ilusión material, experimentan sólo el universo lineal de caos y desunión.

Cuando nos despertamos por la mañana, ¿existe el mismo mundo igual que lo dejamos ayer? Sólo el mundo externo cambia; el mundo real, el mundo de unidad circular, continúa siendo como siempre ha sido, aunque no lo percibamos. La mente consciente es un microsistema del macrosistema cósmico, la realidad unificada que lo abarca todo a la que cada uno de nosotros puede conectarse. Esta realidad universal está más allá del espacio-tiempo-energía-materia continuo. Es el Círculo infinito, del cual se originó toda la vida lineal finita, y al cual regresaremos al final del ciclo de corrección.

La Kabbalah se ocupa mayormente de los "porqués" de las cosas. Es mi convicción más profunda que sólo si sabemos por qué el universo actúa como lo hace, sólo si conocemos íntimamente las leyes naturales y fuerzas raíz de nuestro universo, podemos empezar a entender verdaderamente el significado de la vida.

¿Por qué es el conocimiento tan esencial para comprender la existencia? ¿Cuál es el rol del conocimiento, si es que tiene alguno, dentro del escenario cósmico? ¿Por qué los profetas y los kabbalistas le han dado tanta importancia al "conocimiento" y al "saber"?

La adquisición de conocimiento no es meramente una transferencia de información de una fuente a otra. Las raíces del conocimiento van mucho más profundo que el intercambio entre el maestro y el alumno. Más que un mero método práctico para lograr una unión con el intelecto humano en los niveles más elevados, el objeto de "conocer" es efectuar una conexión espiritual con las influencias cósmicas y las energías del cosmos.

El camino del conocimiento va más allá del reino de los sistemas matemáticos, de la cuántica y del universo físico. Estos son los síntomas de un reino Lineal, fachadas falsas, ilusiones que esconden la verdadera naturaleza de la realidad. Para poder alcanzar el conocimiento debemos ver a través del velo de la ilusión que cubre el mundo material. Con la Kabbalah podemos alzar el velo de la oscuridad y revelar la Luz.

Una máxima kabbalista revela que "El proceso de pensamiento convierte el conocimiento en energía". *Génesis* 1:4 hace alusiones a la intimidad entre el conocimiento y la energía cuando declara: "Y conoció Adán a su mujer Eva, la cual concibió y dio a luz a Caín". En este verso encontramos la interacción dinámica entre conocer y la energía de la unión sexual del hombre y la mujer. Las connotaciones bíblicas de conocer y del acto sexual están íntimamente vinculadas.

En la naturaleza encontramos un número infinito de indicaciones de que una inteligencia formativa dio forma y estructura a todo, desde una flor hasta el hombre o un grano de arena. A esta inteligencia formativa la llamamos la Fuerza. Millones de personas conectan con la Fuerza a diario, a través de la oración, la meditación o de cualquier otra actividad mental. Sin embargo, a pesar de que tales conexiones son esenciales en muchas vidas, la Fuerza sigue siendo científicamente indetectable. Tampoco el alma, esa parte de la Fuerza que llevamos en nuestro interior, puede ser identificada por los métodos científicos actuales.

Las leyes naturales más fundamentales, así como los actos aparentemente más triviales del hombre, se remontan a los cielos y sus orígenes. Todas las formas de energía y vida surgieron de la Fuerza y forman parte de Ésta. Este flujo primario de vida se dirige y se filtra a través de muchos y diversos niveles de conciencia, por lo que establece infinitas capas de energía-inteligencias. Sin embargo, no es sino una única energía omnipresente que se expresa en una multitud infinita de formas y patrones.

En toda la Creación encontramos innumerables repeticiones en relativamente pocos diseños básicos. Igual que el átomo es uno en sí mismo y está estructurado como las tríadas en el Escudo de David, también el hombre, la Tierra y el sistema solar son una tríada conectada como una unidad en sí misma. Nuestro universo se ajusta a la belleza y la elegancia de esta armonía atómica de tres partes.

El *Zóhar* es un libro de conocimiento y poder. El conocimiento de la Astrología tal como la presenta el *Zóhar* asegura a toda la humanidad el control sobre nuestro destino. Ese control es la conexión astrológica con la Fuerza. El *Zóhar*, en *Ajarei Mot* 4:32, afirma que en los días de la Era Mesiánica, no habrá más la necesidad de alguien pedir a otro ¡enséñame sabiduría! Como está escrito "No tendrán que enseñar más cada uno a su prójimo y cada cual a su hermano, diciéndole: 'Conoce al Señor', porque todos Me conocerán, desde el más pequeño de ellos hasta el más grande". (*Jeremías* 31:33).

Según el *Zóhar*, se acerca el día en que los secretos más profundos de la naturaleza serán al fin revelados. Tal conocimiento nos permitirá obtener acceso a la fuerza de vida esencial que está en nosotros y a nuestro alrededor; nos permitirá acceder al dominio de los Círculos y nos proporcionará un marco para la comprensión, no sólo de nuestro universo observable que nos es tan familiar, sino de lo que yace más allá de nuestro rango de observación, en el reino de lo metafísico.

"Pues no hay un miembro del cuerpo humano que no tenga su contrapartida en el mundo como un todo. Pues igual que el cuerpo del hombre consiste en miembros y partes de varias categorías que actúan y reaccionan unos con los otros para formar un organismo, también el mundo en su totalidad consiste en una jerarquía de cosas creadas. Cuando actúan y reaccionan adecuadamente las unas con las otras, forman un cuerpo orgánico. Todas las esencias de este mundo y del mundo por venir, tanto de grados superiores como inferiores, se encuentran allí. (*El Zóhar*, *Toldot* 1:4).

Lo que parece desprenderse del *Zóhar* es una revelación relativa al patrón que subyace en todas las estructuras, desde el átomo más pequeño a la unidad más grande del cosmos. La Fuerza se revela en multitud de patrones que parten de relativamente pocos diseños arquetípicos.

La intención principal de este libro es proporcionar una conexión con la cadena de inteligencia que se extiende hacia abajo, desde el nivel universal de conciencia más elevado a los niveles inferiores de nuestro reino terrestre. Al conectar nuestras mentes con la Fuerza nos aseguramos una vida de continuidad, certeza y trascendencia del mundo de las ilusiones, los síntomas y las apariencias.

La Kabbalah puede guiarnos a través de la ilusión hacia la realidad omnipresente que las leyes naturales más fundamentales, así como los actos más aparentemente triviales del hombre, remontan a los Cielos y sus orígenes. Está escrito en el *Zóhar* que la Kabbalah tendría que esperar hasta la llegada de la Era de Acuario para hacer su reaparición como una herramienta para ser empuñada por la mano del hombre como un instrumento electrónico para atraer la Fuerza sobre la raza humana, que anda deambulando y confundida en la oscuridad cósmica.

Ese momento ha llegado.

5. PREDICCIÓN Y PROBABILIDAD

¿Alcanzaremos el éxito

como especie, o caeremos

en la extinción?

Hasta donde podemos determinar, somos la única especie capaz de estructurar el lenguaje y la tecnología. Pero cuán sabios somos en el empeño de comunicarnos los unos con los otros es otra cuestión por completo. Efectivamente, cuán capaces podemos llegar a ser de estructurar sociedades más felices, menos violentas y más productivas es un tópico de vital importancia para toda la humanidad.

¿Alcanzaremos el éxito como especie, o caeremos en la extinción? Al comentar sobre el futuro corremos el riesgo de decir algo insustancial o peor, de que más adelante se compruebe que estábamos equivocados. Todos somos unos genios en retrospectiva. Sin embargo, predecir el futuro requiere de unas capacidades que la mayoría de nosotros simplemente no poseemos. ¿O sí?

Quizás el argumento más convincente contra la profecía y la predicción es el factor cuántico. Según la ciencia cuántica, la naturaleza es inherentemente impredecible. La ciencia de la física, por lo tanto, no tiene otra alternativa que seguir un camino de probabilidades.

Ciertamente, desde el surgimiento de la mecánica cuántica, la física ha sido relegada a un asiento trasero llamado "la capacidad de estimar algunas probabilidades sobre el futuro".

A diferencia del físico, el astrólogo no sufre de una plaga de incertidumbre. La astrología transita por el mismo camino cierto que siguen los cuerpos celestiales. Al confiar en la predictibilidad de las estrellas y los planetas, el astrólogo traza su curso con la misma precisión que un astrónomo, utilizando los faros celestiales para llegar a su destino.

Esto es prácticamente lo opuesto de los científicos que por un lado hacen suposiciones arriesgadas mientras por el otro expresan desprecio por las profecías bíblicas. La única vez que el científico común acudirá a la Biblia es cuando piensa que puede probar su invalidez con base en una evidencia empírica, sin darse cuenta de que el código que contiene la Biblia es tan empírico como cualquier experimento realizado en su laboratorio. Sin embargo, si estos mismos científicos hicieran el esfuerzo de investigar los significados verdaderos e internos de las predicciones bíblicas, se llevarían una agradable sorpresa. Además de obtener una nueva perspectiva sobre la Biblia, llegarían seguramente a entender el Principio de Incertidumbre de Heisenberg, que en la actualidad les confunde tanto.

La Kabbalah ofrece la promesa de una ciencia verdadera del futuro. Una futurología válida es ciertamente posible, a pesar de que el futuro parezca más complejo e impredecible a cada momento que pasa. Como atestiguarán los astrónomos, hay muy poca o ninguna indeterminación en los movimientos de nuestros vecinos celestes. La astronomía, los calendarios y los almanaques se basan en lo que sucedió en el pasado para predecir el futuro. Estas calculadoras astronómicas disfrutan de un respeto generalizado, y la razón de esto es que a diferencia de las predicciones de los físicos, los economistas, los meteorólogos y los médicos alopáticos, las predicciones derivadas de los movimientos celestes logran muy a menudo ser acertadas.

Cuando Einstein reveló sus teorías de la relatividad especial y general, los científicos newtonianos no tuvieron otra alternativa que reexaminar los conceptos antiguos, familiares y preciados del tiempo y el espacio. Antes de Einstein, el tiempo se consideraba como un flujo continuo, como un río que se extendía hacia atrás hasta llegar al pasado y hacia adelante hasta el futuro. Einstein probó que el tiempo no es absoluto. El tiempo depende del espacio, el espacio depende del tiempo. Ambos no pueden ser separados. Uno no puede considerarse sin considerar también el otro.

La famosa "paradoja de los gemelos" es quizás el ejemplo más conocido de este fenómeno. Un gemelo viaja en un cohete más rápido que la luz hacia el espacio, mientras que el gemelo que se queda en casa espera el regreso de su hermano años más tarde. Cuando el gemelo viajero regresa, descubre que su hermano gemelo de la Tierra ha envejecido mucho, mientras que él no.

Un cohete que viajara a una velocidad cercana a la de la luz permitiría que los relojes humanos como el latido, las ondas cerebrales y el flujo sanguíneo se ralentizaran durante el viaje. El tiempo se ajusta para acomodar su marco espacial de referencia. Por muy raro que suene, es cierto.

En la Biblia encontramos a personas que vivieron durante cientos de años: Adán vivió 930 años (*Génesis* 5:5); y Matusalén vivió 969 años (*Génesis* 5:27). Luego, inexplicablemente, la esperanza media de vida disminuyó hasta llegar a tan solo 47 años. Ahora la esperanza media de vida está aumentando progresivamente. ¿Podría ser que ciertas edades y civilizaciones sean más propicias que otras a alcanzar estados no ordinarios de conciencia?

Las dimensiones de conciencia especial, tal como demostró la "paradoja de los gemelos" son, por supuesto, muy diferentes de aquellas que nos encontramos normalmente en el nivel físico. Sin embargo, esta extraña anomalía impregna cada aspecto de nuestras vidas cotidianas.

Aquí tienes un ejemplo de cómo la conciencia afecta al tiempo. Imagina a dos secretarias que, al final del día, se les escucha comentando la rutina del día: "El día ha pasado tan lento", se queja una de ellas. "Pensaba que nunca acabaría". Por el contrario, su amiga comenta lo rápido que ha pasado el día para ella. La secretaria que experimentó el tiempo a cámara lenta está probablemente aburrida con su trabajo y logra hacer poco en el transcurso de su día de trabajo. Al sentirse desgraciada, deprimida e infeliz consigo misma, se ha alineado con el lado bajo del nivel de la Tierra, donde el tiempo se mueve lentamente. Mientras tanto, la otra obtiene satisfacción de su trabajo y por lo tanto el tiempo se mueve más rápidamente para ella.

Imagina otro escenario en el que dos personas se acercan a un ascensor y ambas presionan el botón para llamarlo. Después de unos breves instantes, una de ellas comenta con impaciencia "¿por qué no aparece el ascensor?". La otra se encoge de hombros y señala que el botón para llamar el ascensor ya ha sido presionado. Obviamente la primera tiene prisa para llegar allí donde va, mientras que la segunda no tiene prisa y no siente la misma presión que siente la otra. De nuevo vemos cómo el tiempo varía según como lo percibimos.

Con esto en mente, podemos ahora empezar a comprender cómo el fenómeno del espacio-tiempo hace posible la profecía y la predicción.

No había ninguna profecía que supiera cómo iban a reaccionar las dos secretarias o los dos amigos en el ascensor. Conocer el espacio interno en el cual existe una persona es suficiente para predecir el comportamiento potencial de esa persona. La clave para la predicción es la capacidad de trascender los límites de la conciencia racional para poder entrar en el estado mental universal en el cual el pasado, el presente y el futuro existen en el mismo plano multidimensional.

El astrólogo conoce muy bien el poder de las relaciones interplanetarias y lo utiliza para hacer predicciones. La razón por la cual los astrólogos le dan tanta importancia a los cumpleaños es que la fecha de nacimiento proporciona un entendimiento de las fuerzas cósmicas que se encuentran en funcionamiento en el momento del nacimiento. Una vez se ha establecido una base astrológica, una gran parte del futuro del individuo puede predecirse. Por supuesto, el astrólogo con más conocimientos conectará con su nivel intuitivo inconsciente para proporcionar un mapa más completo del viaje del sujeto por la vida.

Para fortalecer aun más a la astrología, la Teoría de la Relatividad de Einstein destruyó la idea del tiempo universal y de un pasado, un presente y un futuro absolutos. Su imaginación nos llevó a creer que en cierto sentido el futuro ya existe. Einstein nunca explicó totalmente por qué el tiempo universal ya no existe. Después de todo, entender el porqué de las cosas no estaba entonces, ni lamentablemente lo está ahora, dentro del terreno de la ciencia.

La incertidumbre pertenece al mundo de la física. En el reino de la metafísica, la realidad se desarrolla a lo largo de una ruta precisa, específica y predeterminada que debe llevarnos a un estado final inalterable. El kabbalista comprende que el tiempo depende de una referencia en el espacio, y hay un número infinito de referencias en el espacio-tiempo. En verdad, hay tantas de ellas como habitantes del planeta Tierra.

Nuestra nueva interpretación del espacio-tiempo arroja luz sobre la cuestión previamente planteada de por qué las personas vivían vidas más largas en los tiempos cercanos al Adán bíblico, y por qué la esperanza de vida media disminuyó hasta llegar a un punto muy bajo para luego volver a aumentar. Adán y aquellos que le siguieron inmediatamente vivieron en una época de una conciencia espiritual elevada. Por consiguiente, las presiones de la existencia pesaban menos para ellos, el tiempo se movía más despacio y vivían más tiempo. Cuando más alejado está uno del marco rígido de la conciencia reloj-tiempo, más larga será probablemente su vida.

A medida que nos acercamos a la Era de Acuario, nuestra conciencia espacio-tiempo se está elevando. El tiempo se está ralentizando para nosotros y experimentaremos un marcado aumento en la esperanza de vida humana. Sin embargo, esto no significa necesariamente que todos elevaremos la frecuencia de nuestra conciencia. Más bien, lo que tendrá lugar es un reconocimiento general de que el pasado, el presente y el futuro ya no están fragmentados, sino que son en realidad uno y lo mismo.

La parábola bíblica relativa a la Torre de Babel ilustra este punto. Aunque estaba contenida en un nivel más elevado de conciencia y obtenían todos los beneficios de su estado del ser, aquella civilización no alcanzó necesariamente una conciencia espiritual del *Deseo de Recibir con el propósito de compartir*. Sin embargo, puesto que vivieron en este marco más elevado del espacio-tiempo donde el tiempo fragmentado prácticamente no existía, su comprensión del universo era la de una civilización altamente evolucionada.

A diferencia de la antigua civilización de babel, nuestra civilización presente será dominada por la influencia cósmica de Acuario, la esencia de la cual es el *Deseo de Recibir con el propósito de compartir* (El *Zóhar*, *Shemot* 15:96-97). No es casual que el conocimiento de la Kabbalah esté difundiéndose y volviéndose accesible cada día más.

Como se afirma en *Jeremías* 31:33: "No tendrán que enseñar más cada uno a su prójimo y cada cual a su hermano, diciéndole: 'Conoce al Señor', porque todos Me conocerán, desde el más pequeño de ellos hasta el más grande".

Ya estamos empezando a presenciar una transición avanzada similar, como ocurrió en la antigua civilización de Babel. Pero además, estamos a punto de experimentar un resurgimiento espiritual que no existió en el tiempo de Babel. Ya no es necesario acumular grandes cantidades de conocimiento antes de penetrar en los misterios de la vida. En la Era de Acuario, la sabiduría antigua será del dominio de todos.

6. LA PROFECÍA

¿Quién es un profeta?

¿Cómo puede probarse su validez?

Pero el profeta, que impertinentemente hable en Mi nombre una palabra que Yo no le haya mandado hablar, o que hable en el nombre de otros dioses, ese profeta mismo morirá. Y si dices en tu corazón: '¿Cómo conoceremos la palabra que el Señor no ha hablado?'. Cuando un profeta hable en el nombre del Señor, si lo que fue dicho no acontece ni se cumple, ésa es palabra que el Señor no ha hablado.

Deuteronomio 18:20-22.

En su profecía de paz, Isaías dijo: "El lobo morará con el cordero, y el leopardo se echará con el cabrito;...porque la tierra estará llena del conocimiento del Señor como las aguas cubren el mar". (*Isaías* 11:6, 9).

Isaías atribuía la paz mundial al conocimiento del Señor (Wisdom of Truth -*La Sabiduría de la Verdad*-, Artículo sobre la libertad, Rav Áshlag 2008). Él sentía desprecio por aquellos líderes irresponsables, intelectuales y planificadores que crean un cisma entre su propio nivel de entendimiento y el del hombre corriente.

Lamentablemente, muchos en la actualidad han corrompido su posición preeminente en la sociedad interpretando la información según sus propios valores y actitudes en un intento de lograr ganancias personales y autoexaltación.

Los científicos y aquellos que siguen el pensamiento lineal o racional son rápidos en señalar que la Biblia describe muchos actos que no están basados en nada de lo que hoy reconoceríamos como evidencia científica. Sin embargo, estas mismas personas que denigran las profecías antiguas a menudo realizan predicciones similares sin parpadear. Los científicos son los primeros en defender que el mundo está en peligro inminente, que el Efecto Invernadero o una guerra nuclear pueden exterminarnos, y quizás toda la vida en la Tierra. Sin embargo, sólo en su arrogancia están calificados para hacer predicciones. Los profetas bíblicos, los astrólogos y ciertamente cualquier persona excepto ellos mismos que se atreva a hacer predicciones, los denigran como charlatanes.

Cuán irónico resulta que estos mismos hombres y mujeres de la ciencia, mientras realizan sus predicciones apocalípticas, nunca hacen alusión a las escrituras ni parecen recordar que el principio de incertidumbre prueba que en el nivel cuántico o metafísico de la existencia el método científico simplemente no puede aplicarse. Uno se pregunta: ¿cómo pueden ignorar tan despreocupadamente las profecías bíblicas cuando sus propias teorías pueden ser tan fácilmente cuestionadas?

A medida que progresamos en nuestra comprensión del futurismo, la profecía y la predicción astrológica, nos acercamos más a la conclusión de que es el físico y no el profeta quien llena nuestras mentes con pensamientos de catástrofes inminentes y destrucción apocalíptica.

En apoyo a su escenario apocalíptico, los científicos citan la segunda ley de la termodinámica, la cual indica que el universo se está volviendo cada día más caótico y desordenado: las personas envejecen, los edificios y los puentes se desmoronan, las líneas costeras retroceden, los recursos naturales se agotan y nuestras ropas se están desgastando continuamente.

Para ser justos, los profetas y los kabbalistas que les prosiguieron nunca declararon que pudieran prever el fin del universo, tal como hacen los científicos. Según los profetas, la humanidad puede sobrevivir y sobrevivirá al Apocalipsis. Si la visión del profeta implicaba sufrimiento humano, él la trataba con sensibilidad y preocupación con respecto a qué podía hacerse para cambiarla. Los profetas entendían el significado interno de la ira del Señor, un concepto que ciertamente elude al científico.

En el universo del Señor no existe la recompensa y el castigo. Para definir este concepto, considera un toma corriente. Enchufa una lámpara y obtendrás la bendición de la luz; mete tu dedo y recibirás un shock muy desagradable. Las consecuencias no son recompensas ni castigos. Son meramente el resultado de una acción individual en su ejercicio del libre albedrío.

Aun así, millones de personas se aferran a definiciones erróneas de la recompensa y el castigo, no porque tengan pruebas, sino porque piensan que es lo que dice la Biblia. Estos mismos seguidores bíblicos, tanto judíos como no judíos, eligen no considerar la posibilidad de la astrología.

Los principios de la profecía están fundados en la premisa de que el Señor crea sus leyes de la naturaleza y sus consecuencias son conocidas sólo por algunos individuos selectos elegidos. Este no es el caso. La palabra del Señor (el Tetragrámaton) es la Fuerza a través de la cual funciona el mecanismo equilibrador del universo. Un profeta es simplemente una persona a la cual se le ha otorgado el don de ver y de describir la realidad metafísica.

El profeta no es ni un filósofo ni un teólogo, sino un individuo que ha alcanzado una conciencia elevada del espacio-tiempo. Está interesado no en el ser del Señor, sino más bien en el diseño del Creador. Revela la "palabra" del Señor a la gente para restaurar y dar forma a un futuro mejor reformando el presente.

A diferencia de la experiencia del toma corriente, en la cual la revelación de su consecuencia es obvia, el reino metafísico del cosmos a menudo permanece oculto para la humanidad. La actividad negativa puede hacer estragos en el mundo en el que vivimos porque entra en conflicto con la perfección metafísica del universo. Hay veces en las que el instinto humano nos empuja a actuar en formas que van en contra de las leyes naturales del universo. Por lo tanto, la experiencia profética parece revelar a veces catástrofes y confrontaciones. Pero en realidad, todo lo que hace el profeta es exponer la dicotomía entre la perfección natural del universo y la actividad negativa del hombre.

La Revelación Divina se entrega a través un agente humano que tiene conocimiento del reino metafísico. El profeta es alguien con la capacidad de entrar en un estado más elevado de conciencia y anunciar a la humanidad la belleza y los peligros inherentes en el cosmos y en las propias acciones del hombre. El profeta es tanto clarividente como capaz de predecir acontecimientos futuros. A diferencia del científico, el profeta debe realizar la tarea de transmitir las noticias de la Revelación Divina a una audiencia indiferente, si no hostil.

Considera el investigador médico que, al observar una molécula de ADN se vuelve conocedor del futuro de la eventualidad humana. De forma similar, la ciencia de la astrología proporciona un visión bastante acertada de lo que podríamos llamar el ADN metafísico del individuo, puesto que el pasado, el presente y el futuro del individuo están agrupados y juntos en un todo unificado. Este es también el método del profeta, quien entra en una realidad multidimensional donde todas las cosas, pasadas, presentes y futuras, pueden verse como uno sola.

El astrólogo, como el profeta y el investigador médico, se vuelve consciente de ciertos acontecimientos predecibles basados en las leyes y los principios naturales del universo. Sin embargo, a diferencia del profeta, ni el astrólogo ni el investigador médico deben cumplir necesariamente el requerimiento de tener un estado elevado de conciencia. No obstante, cualquier astrólogo, e incluso cualquier científico, que alcance un marco de referencia elevado, experimentará una comprensión mucho más vasta y completa cuando realice la carta astrológica o el mapa médico de un individuo, que cualquier otro que permanezca en un marco mental racional.

La conciencia atribuida al profeta está claramente descrita por el *Zóhar*. Aunque hay numerosos análogos bíblicos a varios profetas, Moisés recibe la denominación de profeta por primera vez en el *Libro del Deuteronomio* 18:15; 34:10, donde se le otorga el papel del profeta por excelencia. Moisés es distinguido con la revelación directa del Señor de Sí Mismo (*Números* 12:8). Para otros profetas, el Señor se reveló sólo en visiones o sueños.

Para una interpretación de este significado, acudamos al *Zóhar*, en *Yitró* 2:54:

> *Y Yitró, el suegro de Moisés, tomó a Tzipora, mujer de Moisés, después de que éste (Moisés) la había enviado a su casa. Y a sus dos hijos... (Éxodo 18:2-3) Rav Jiya preguntó: ¿por qué declara el verso 'sus hijos' [de ella] y no 'sus hijos' [de ellos] o 'su hijo' [de él]? Esto se debe a que ella los cuidaba cuando Moisés no estaba allí. Rav Yosi dijo que aunque eran los hijos de Moisés, la verdad, según la interpretación mística, es que ahora eran los hijos de ella. Rav Elazar afirmó esto porque Moisés se fusionó con otro espacio-tiempo, la Shejiná, y por lo tanto ellos ya no se consideraban sus hijos [de él]. Sin embargo, cuando Moisés se desconectó de la Shejiná, y fue a encontrarse con su suegro, el verso se refiere entonces a ellos como sus hijos. (Éxodo 18:5).*

Lo que parece desprenderse de este pasaje del *Zóhar* es la revelación de que en cualquier momento pueden ocurrir diferentes y distintas referencias del espacio-tiempo. Las referencias bíblicas y *Zoháricas* citadas arriba son un testimonio de las escrituras sobre la realidad de nuestra conciencia espiritual y nuestra capacidad para separar la conciencia de la realidad ilusoria y viajar lejos de todas las manifestaciones físicas. A través de una experiencia espontánea fuera del cuerpo, Moisés fue proyectado más allá de la existencia física. El espíritu y la mente de Moisés fueron capaces de cambiar las frecuencias del espacio-tiempo y entrar en otro lugar multidimensional de la existencia. Aun así, fue capaz de regresar a voluntad con una memoria consciente de esta existencia corporal en la cual sus hijos eran de nuevo suyos.

Esta es, entonces, la naturaleza de la profecía. Un profeta es un individuo dotado con el don divino de separarse de la realidad física y entrar en una realidad omnímoda donde uno no experimenta las limitaciones que nos impone el tiempo físico.

¿Quién se considera un profeta, y cómo puede ser probada su validez? Como portavoz de la deidad, el dominio del profeta se encuentra más allá del reino finito de la realidad corporal fragmentada. Ellos no eligen la profesión, pero son elegidos, a veces incluso en contra de su voluntad. El ejemplo más dramático de esto es la fuga inútil de Jonás (*Libro de Jonás*, capítulo 1). Incluso Moisés mostró reticencia a aceptar la llamada cuando exclamó: "Por favor, Señor, nunca he sido hombre elocuente... Te ruego, Señor, envía ahora el mensaje por medio de quien Tú quieras". (*Éxodo* 17:2-3).

Moisés hizo varios intentos de disuadir al Señor de que lo eligiera a él, puesto que él sentía que no poseía suficiente sabiduría para realizar la misión. Se declaraba inadecuado. Él pensaba que su nivel de conciencia no era el apropiado para el peso de la responsabilidad profética. Sin embargo, su declaración de incompetencia era una indicación de que su estado de humildad era esencial para la posición de profeta. La ocupación humilde de Moisés —la de pastor— era, en esencia, la razón principal por la cual el Señor lo seleccionó a él. (*Midrash Rabá*, *Éxodo*)

Así pues, descubrimos que la profecía no es predicar con fuego y azufre del infierno, tal como a menudo se describe. Los profetas son canales que nos permiten escuchar la música del universo. Son ventanas que permiten que la Luz y el conocimiento del cosmos entren en los corazones de toda la humanidad.

SEGUNDA PARTE

EL MAPA
CÓSMICO

7. LA CONCIENCIA PROFÉTICA

¿Hay más de un nivel

de conciencia con el cual

puede conectar el hombre?

En el *Zóhar*, Rav Shimón Bar Yojái presenta la Biblia bajo una luz que nos permite reconciliar los elementos aparentemente dispares del mundo físico y el mundo metafísico. Al entender el verdadero significado de la Biblia, podemos hacer conexiones con el mundo metafísico y los niveles ocultos de la conciencia. Así, alcanzamos el nivel puro de conciencia que necesitamos para "tocar las cuerdas" de este mundo terrenal en armonía con la música divina de las esferas.

La conciencia profética está enraizada en la revelación del Monte Sinaí. El pueblo de Israel tenía miedo de recibir la palabra del Señor directamente y le pidió a Moisés que intercediera, diciendo: "Acércate tú, y oye lo que el Señor nuestro Dios dice…y lo escucharemos y lo haremos" (*Deuteronomio* 5:27. Esta idea se corrobora más adelante, cuando Moisés declara: "Yo estaba en aquella ocasión entre el Señor y ustedes para declararles la palabra del Señor, porque temían a causa del fuego y no subieron al monte". (*Deuteronomio* 5:5).

Naturalmente, el pueblo de Israel temía la comunicación o conexión directa con un poder de inconmensurable magnitud como el del Señor. Ellos dudaban de que su nivel de conciencia fuera capaz de aventurarse en este dominio. Así pues, Moisés se convirtió en el canal para la Fuerza del pueblo.

Conectar directamente con la Fuerza requería de un nivel de conciencia equivalente al de Moisés. En ciertas ocasiones, cuando Moisés hubo alcanzado tales niveles, ya no podía transmitir la Fuerza directamente a la nación de Israel. Hubo la necesidad de descender a una frecuencia inferior de conciencia. Cuando Moisés ya no pudo ser un canal directo del Señor, fue necesario que Aarón, su hermano, actuara como intermediario entre Moisés y los Israelitas.

Los papeles que Moisés y Aarón asumieron ante el Faraón fueron descritos detalladamente en las escrituras: "Y tú (Moisés) le hablarás (a Aarón), y pondrás las palabras en su boca... Aarón hablará por ti al pueblo. Él te servirá como boca y tú serás para él como *Elokim* (el Señor)". (*Éxodo* 4:15-16).

¿Implica esto que Moisés estaba ahora reemplazando al Señor y que iba a servir como el Señor? Sólo un entendimiento superficial de la Biblia podría llevarnos a la conclusión de que el Tetragrámaton, o en la otra palabra, *Elokim*, significa o es el nombre del Señor. ¿Forma parte el Señor de una conspiración oculta en la cual tenga la necesidad de utilizar alias para disfrazar su identidad verdadera? La intención de la Biblia en su uso de numerosos nombres para el Señor es distinguir los diferentes niveles de conciencia en los cuales se expresa la Fuerza.

El nivel de conciencia alcanzado por un profeta determinaba qué nombre del Señor se implementaba. Moisés alcanzó el nivel más elevado de conciencia espiritual y, en consecuencia, se le aplicó el nivel del Tetragrámaton. El hecho de que la expresión bíblica "boca a boca" esté combinada con el Tetragrámaton añade un mayor énfasis en el hecho de que el nivel de conciencia de Moisés era del tipo más elevado.

Este concepto recibe aún más credibilidad en el siguiente revelador pasaje del *Zóhar*:

> *"Y el Señor (Elokim) habló a Moisés..." (Éxodo 6:1). El nombre Elokim indica justicia o juicio. Está escrito arriba: "Entonces Moisés se volvió al Señor (Tetragrámaton)* הׄוׄהׄיׄ *y dijo: 'Oh Señor (Adonai = Álef, Dálet, Nun, Yud)* יׄנׄדׄאׄ *¿por qué has hecho mal a este pueblo?'". (Éxodo 5:22) ¿Qué profeta hablaría con tanta osadía como Moisés? Sin embargo, desde el principio de esta profecía, sabía que estaba destinado a un nivel más elevado de conciencia. Pues él estaba conectado con el nivel de conciencia de Zeir Anpín, que gobierna y tiene dominio sobre el nivel de conciencia de Maljut referido en la Biblia como Adonai. Rav Isaac dijo que Moisés, quien estaba en un nivel elevado de conciencia, se dirigió a Adonai "sin miedo y sin temblor, como un mayordomo que está a cargo de una casa". (El Zóhar, Vaerá, 1:9-10).*

Lo que parece desprenderse del *Zóhar* es una conciencia de la existencia de numerosos niveles de conciencia a los cuales puede conectarse el hombre. Los profetas convergieron en el escenario de la historia de la humanidad para ayudar a equilibrar las fuerzas cósmicas, a través de su capacidad para conectar y hacer uso de varias capas de conciencia. El profeta y, en cierto nivel limitado, el kabbalista, tienen acceso al reino en el cual la separación del pasado, el presente y el futuro no existe.

La actividad negativa y corrupta de la humanidad es conducida por los canales del cosmos. Esta energía negativa afecta desfavorablemente al mundo. Cada terremoto, supernova, cada guerra es una expresión de violencia y de odio en el corazón del hombre. Por otro lado, la energía positiva del hombre crea paz en el mundo. Tenemos en nuestras manos la capacidad de regresar al Edén. En su lugar, construimos cabezas nucleares y nos preparamos para un terrible infierno.

Así pues, estas profecías bíblicas que parecen apuntar hacia el infierno y la destrucción no son más que la descripción de un profeta de la conciencia del hombre. Los profetas están simplemente haciendo eco de nuestras elecciones.

En realidad, las leyes de la ciencia son leyes de probabilidad que permiten a los científicos hacer apuestas inteligentes sobre el futuro basadas en su conocimiento del estado presente. A diferencia de la ciencia newtoniana, que está relacionada con una parte muy pequeña de nuestro conocimiento del mundo, la profecía proporciona información sobre todo el espectro físico/espiritual.

El astrólogo no es necesariamente un profeta. De la misma forma que el ADN físico proporciona al científico una idea bastante acertada del futuro de un individuo, también el ADN cósmico, el mapa astronómico de los cielos, proporciona al astrólogo información con la que puede determinar el futuro de un individuo. Con el conocimiento de la Kabbalah, cualquier astrólogo puede predecir con un alto nivel de precisión lo que sucederá en cualquier circunstancia concreta. Sin embargo, cuanto mayor sea el nivel de conciencia del astrólogo, más precisa será su predicción.

Volviendo a nuestra cuestión de lo que constituye a un profeta, la Biblia distingue entre un profeta realmente encomendado por el Señor y un falso profeta, con la siguiente enseñanza:

> *Un profeta como tú (Moisés) levantaré de entre sus hermanos, y pondré Mis palabras en su boca, y él les hablará todo lo que Yo le mande... Pero el profeta que hable con orgullo en Mi nombre una palabra que Yo no le haya mandado hablar, o que hable en el nombre de otros dioses, ese mismo profeta morirá. Y si dices en tu corazón: '¿Cómo conoceremos la palabra que el Señor no ha hablado? Cuando un profeta habla en el nombre del Señor, si lo que fue dicho no acontece ni se cumple, ésa es palabra que el Señor no ha hablado. (Deuteronomio 18:18, 20-22).*

La Biblia va más allá, explicando que incluso si un profeta da predicciones que son posteriormente confirmadas por señales, pero el mensaje de ese profeta es de adorar a otros dioses, a ese profeta no se le debe hacer caso. *Deuteronomio* añade una advertencia al problema de los falsos profetas: "No darás oído a las palabras de ese profeta o de ese soñador de sueños; porque el Señor tu Dios te está probando para ver si amas al Señor tu Dios con todo tu corazón y con toda tu alma". (*Deuteronomio* 13:3).

Sólo el futuro validará las predicciones de un profeta. Sólo cuando las profecías se hacen realidad, se puede reconocer que aquel que ha hablado como profeta ha sido enviado por el Señor. ¿Pero cómo puede alguien dictar un juicio hasta que la historia hable por sí misma? Para complicar más el asunto, un verdadero profeta puede ser confundido por un "falso" profeta (*Reyes* I 13:1-32). La falsa profecía puede incluso ser inspirada por el Señor con el fin de engañar y tentar a la gente. El falso profeta tendría en este caso un carácter moral cuestionable, siendo en algunos casos un estafador, un alcohólico o incluso quizás un adúltero (*Jeremías* 23:14 e *Isaías* 28:7). En algunos casos, el Señor puede incluso seducir a un auténtico profeta para que entregue un mensaje falso (*Ezequiel* 14:9-11).

Un análisis más detallado de los textos Bíblicos revela una posible manera de distinguir entre ambos tipos de profeta. La revelación del "discernimiento" sirve como herramienta para ayudar a la humanidad en su existencia diaria y entender aquellas cosas que siempre parecen eludirnos. También debemos recordar que las palabras de la Biblia tienen un significado esotérico. Cada palabra contiene secretos ocultos de sabiduría, comprensibles sólo para los sabios que conocen los misterios de la Torá. Las palabras de la Biblia no son meros sueños; e incluso los sueños deben ser interpretados de acuerdo a ciertas reglas. Entonces, ¿cuán necesario es que las palabras de la Biblia sean explicadas de la forma correcta? (El *Zóhar*, *Mishpatim* 3:22).

Es necesario que obtengamos una comprensión más profunda de la profecía antes de poder aprender a no caer víctimas de las doctrinas de ilusión e incertidumbre. Acudamos entonces a una interpretación *Zohárica* del Libro de *Génesis* para encontrar algunos descubrimientos asombrosos con respecto a las revelaciones proféticas.

"Yaakov vivió diecisiete años en la tierra de Egipto" (Génesis 47:28). Rav Yosi dijo que el corazón de Yaakov vio proféticamente en Egipto que sus hijos sobrevivirían a muchos exilios, desde entonces hasta la llegada del Mesías. Y Yaakov alcanzó el nivel profético de conciencia descrito en la palabra código Vayejí, pero sólo en Egipto. Este nivel de conciencia profética no había sido alcanzado nunca por ningún otro profeta excepto Moisés. Yaakov y Moisés estaban conectados con la conciencia de la tríada superior, mientras que todos los otros profetas recibían sus revelaciones proféticas de la Tríada Inferior de conciencia". (El Zóhar, Vayejí 1:2-3).

Del fragmento anterior del *Zóhar* podemos deducir que hay reinos inferiores y superiores de profecía. Sólo cuando Yaakov y Moisés fueron envueltos por la fuerza oscura de Egipto, alcanzaron una maestría y un acceso al nivel cósmico donde el pasado, el presente y el futuro son una sola cosa. Sin el dominio sobre el Señor de la Oscuridad, que es el *Deseo de Recibir Sólo para Uno Mismo*, el cual estaba totalmente manifestado en Egipto, no se podían llegar a percibir los reinos superiores del cosmos. Así pues, fue esencial que Yaakov y Moisés residieran en Egipto para que llegaran a ascender a la Tríada Superior. Por lo tanto, vemos que un importante requisito para determinar los niveles de conciencia profética es el grado de maestría sobre el *Deseo de Recibir Sólo para Uno Mismo*. Esta maestría es la piedra angular y el fundamento de un verdadero profeta.

Por consiguiente, llegamos a un entendimiento del verso previamente mencionado relativo a la verificación de un verdadero profeta.

"Y si dices en tu corazón: '¿Cómo conoceremos la palabra que el Señor no ha hablado? Cuando un profeta hable en el nombre del Señor, si lo que fue dicho no acontece ni se cumple, ésa es palabra que el Señor no ha hablado; con arrogancia la ha hablado el profeta; no tendrás temor de él". (Deuteronomio 18:21-22).

Si la predicción del profeta trataba sobre un tiempo en el futuro lejano, ¿cómo podríamos en el "aquí y ahora" tener la certeza de si este profeta es creíble? Las pautas establecidas en el *Zóhar* se vuelven ahora de gran valor para determinar la predictibilidad. ¿Vive el individuo bajo la regla de oro de la restricción y la maestría sobre el *Deseo de Recibir Sólo para Sí Mismo*? ¿O sigue el *Deseo de Recibir Sólo para Sí Mismo* en beneficio de su autoestima?

Teniendo en cuenta que para alcanzar un nivel más elevado de conciencia es necesario hacer restricción y compartir, el falso profeta expondría inmediatamente su incredibilidad. En la opinión de los comentaristas bíblicos, tendríamos que lograr y alcanzar un nivel de conciencia de *Tsadik* (justo) para ser considerados profetas (Rashi sobre *Deuteronomio* 18:22).

Los sueños, otra fuente de revelación de la conciencia futura, también han sido utilizados en la predicción de acontecimientos futuros. La Biblia hace muchas referencias al poder de los sueños como un vehículo a través del cual podemos acceder a los niveles de conciencia que trascienden las limitaciones del tiempo, el espacio y el movimiento (*Génesis* 37:6-10).

Exploremos los misterios que rodean al fenómeno conocido como sueños tal como se documenta en el *Zóhar*:

> *"Y Yosef soñó un sueño...". En relación al tema de los sueños, Rav Jiya disertó sobre este texto, diciendo: "'Oigan ahora Mis palabras: Si entre ustedes hay un profeta, Yo, el Señor, me manifestaré a él en una visión. Hablaré con él en sueños'. (Números 12:6). El Señor ha dado existencia a una serie de grados, unos más elevados que otros, unos que extraen sustento de otros, unos de la Derecha, otros de la Izquierda". Los profetas obtenían su inspiración de los Grados Superiores, conocidos como visión. Por otra parte, el sueño es una sextava parte de la profecía, que es el grado de Gabriel, el supervisor de los sueños. Así pues, no hay un sueño que no posea una mezcla de verdad y falsedad. Consecuentemente, los sueños siguen su interpretación, tal como está escrito: "Y aconteció que tal como nos lo había interpretado, así sucedió". (Génesis 41:13). En otras palabras, puesto que un sueño contiene tanto falsedades como verdad, la palabra (intérprete) tiene poder sobre éste, por lo que es recomendable que cada sueño sea interpretado de una forma positiva en lugar de negativa. (El Zóhar, Vayeshev 7:82-85).*

El famoso científico Sir James Jeans declaró en una ocasión que el universo no es otra cosa que un pensamiento gigante. Los científicos sospechan ahora que cada punto en el cerebro humano está conectado con cada punto en el universo. Una variación de esta idea fue expresada por el físico cuántico Jack Sarfatti, quien declaró:

"...las señales se mueven a través de las conexiones de los agujeros de gusano que aparecen y desaparecen, proporcionando una comunicación instantánea entre todas las partes del espacio. Estas señales pueden compararse con las pulsaciones de las células nerviosas de un gran cerebro cósmico que impregna todas las partes del espacio". (Space-Time and Beyond *(Espacio-tiempo y más allá)*, Bob Toben, Fred Alan Wolf y Jack Sarfatti*).

¿Cómo explica el científico los agujeros de gusano? Son agujeros en la espuma cuántica que conectan con todas las regiones del espacio-tiempo. La idea de "unos que extraen sustento de otros" fue expresada por el *Zóhar* miles de años antes.

A diferencia de la mente despierta y racional, que opera dentro de los estrechos confines del espacio-tiempo, la mente del soñador puede conectar con la conciencia colectiva, o lo que Sarfatti llama "el gran cerebro cósmico". En el tiempo de los sueños, el pasado, el presente y el futuro se vuelven subordinados a la conciencia del soñador y el entramado de la realidad física se vuelve indistinguible del entramado del sueño.

El dominio de los sueños está más allá de la realidad física e ilusoria. Por consiguiente, el *Zóhar* advierte al soñador que vaya con cuidado a quién revela su sueño, puesto que "la palabra" (el intérprete) tiene poder sobre éste. De la misma forma que la conciencia del soñador puede generar el sueño, el intérprete (la palabra) también puede generar su manifestación posterior.

El *Zóhar*, en su habitual estilo de no conformarse con menos que las verdades fundamentales, busca el razonamiento que pueda respaldar el fenómeno de la conciencia de los sueños.

> *En un sueño, en una visión de la noche, cuando el sueño profundo cae sobre los hombres, cuando duermen sobre la cama, entonces Él abre los oídos de los hombres y pone su sello sobre ellos... (Job 33:15-16). Rav Jiya disertó sobre este texto, diciendo: "Cuando un hombre va a dormir, su alma lo abandona y se eleva en lo alto. El Señor entonces le revela al alma futuros acontecimientos. Pues ninguna revelación viene al hombre cuando su cuerpo está fuerte. Un ángel le comunica cosas al alma, y el alma se las transmite al hombre". (El Zóhar, Vayeshev 7:86-87).*

La conciencia corporal del hombre, los cinco sentidos, está limitada a una comprensión de la realidad física. Cuando el hombre está durmiendo, el control de la conciencia corporal sobre el alma se detiene. A diferencia del cuerpo, el alma no está sujeta al paradigma del espacio-tiempo del pasado, presente y futuro. El alma tiene acceso a la conciencia cuántica, donde el pasado, el presente y el futuro existen en un plano único multidimensional que lo incluye todo. El futuro es para ser contemplado por el alma. No hay razón por la cual no recordemos el futuro, así como el pasado, puesto que ambos son igualmente fijos e invariables, siempre que adoptemos y mantengamos una actitud correcta de restricción.

El tiempo en que los astrónomos buscaban hacer descubrimientos fundamentales simplemente mirando por un telescopio ha llegado a su fin. Hoy en día, el científico del espacio se apoya en la ciencia como una herramienta esencial, a través de la cual espera comprender el origen, la evolución y el futuro de todo lo que hay más allá del planeta Tierra. Lamentablemente, estos tipos de experimentos controlados hacen poco para ayudar a los científicos a comprender. El problema es que la radiación emitida en el espacio exterior tarda cientos y miles de años en llegar hasta nosotros aquí en la Tierra. Por lo tanto, el científico ve el universo no como es, sino como era. Esta es la penalización por vivir en una conciencia del espacio-tiempo.

La astrología kabbalística no cae víctima de las incertidumbres de la astrofísica. Los datos astrológicos no están condicionados por el observador, ni se limitan a la información recogida de un pasado lejano. Más que una herramienta de predicción, en las manos de un kabbalista la astrología se convierte en una herramienta para entender el patrón kármico en el cual nacemos y las fuerzas específicas que impulsan a una persona a hacer lo que hace. Al comprender las ventajas y las desventajas de un marco particular de referencia, el astrólogo puede reflejar el pasado, el presente y el futuro de un individuo.

8. LA ERA DE ACUARIO

¿Por qué esta era es distinta

a cualquier otra?

Desde tiempos antiguos, la asombrosa belleza de la negra cúpula aterciopelada del firmamento, salpicada de centelleantes estrellas, era un centro de atracción. Contemplando el cielo nocturno, los más curiosos observaban patrones y movimientos cambiantes, mientras que algunos muy perceptivos se percataban de los complejos ciclos de las estrellas, los cambios en el tiempo y en la posición del Sol que sale y se pone, la forma variante de la Luna, y una multitud de otros fenómenos.

Las observaciones documentadas más tempranas fueron realizadas hace unos 3.700 años por Abraham, el Patriarca. En su *Libro de la Formación* encontramos el reconocimiento de los doce signos del Zodíaco, divididos en doce segmentos o signos de 30 grados de arco. Los doce arcos se corresponden con las constelaciones que describen las características de los doce signos.

Durante siglos, esta perspectiva astronómica fue el referente para la ciencia. Entonces apareció Sir Isaac Newton, con su visión del universo como una máquina equilibrada y bien engrasada.

Las teorías de Newton dieron inicio a un periodo de desarrollo industrial e innovación tecnológica sin precedentes. También trajeron la falsa esperanza del progreso. Poco podía prever Newton que al descubrir ciertas verdades aparentemente inalienables sobre el mundo físico, estaba abriendo una caja de Pandora de enfermedades físicas y psíquicas. La Revolución Industrial nos dio muchas innovaciones y aparatos eficientes, ¿pero qué ha hecho con nuestras vidas?

Los subproductos del desarrollo industrial son, por supuesto, los deshechos tóxicos que necesitan ser eliminados. Lamentablemente, la única forma de eliminar estos desechos es incinerándolos, vertiéndolos en vías fluviales o enterrándolos. Como consecuencia, no hay prácticamente ningún suministro de comida ni de agua que siga estando sin estar contaminado. Las mismas tecnologías que desarrollamos para hacer nuestras vidas más fáciles y para librarnos de las enfermedades ahora nos están atacando a través de estas toxinas letales, las cuales introducimos nosotros mismos, intencionada o accidentalmente, en nuestro medio ambiente y nuestros suministros de alimentos.

La humanidad es completamente dependiente de la tecnología avanzada, y no estamos dispuestos a vivir sin los lujos y las necesidades percibidas que proporciona. Tampoco la decisión de retroceder los relojes y eliminar la tecnología parece ser una solución viable. Es más, a pocos de nosotros nos importa darnos cuenta, ni estamos preparados para asumir la responsabilidad de los efectos acumulativos de nuestras acciones.

Otro problema al que nos enfrentamos hoy en día es el estrés relacionado con el trabajo. Parece que, a pesar de todo su aparente glamour, el mundo actual de los negocios ha generado una atmósfera dañina que desgasta los cuerpos y los espíritus. El clima psicológico en muchas empresas está lleno de ansiedad y paranoia. A medida que la tensión aumenta, la presión arterial sube y ese vaso más de alcohol, o dos, se vuelven más tentadores. Si eso no elimina el estrés, entonces la alternativa se convierte en los tranquilizantes u otras drogas. El estrés tiene un costo financiero y psicológico en la comunidad empresarial. Aunque los *números* exactos son difíciles de calcular, el coste del estrés en la economía estadounidense causado por una disminución de la productividad debida al absentismo y un aumento de los costes médicos, se estima que se aproxima a la impactante cifra de 200 mil millones al año. A todo esto hay que añadir el trauma que se acaba manifestando dentro de la familia.

Como en la mayoría de las crisis, los empresarios están ahí para intervenir y proporcionar un alivio instantáneo, si es que temporal. Se predice que el estrés pronto será una industria de 20 mil millones de dólares. La Sociedad Americana del Cáncer ha dedicado 8 mil millones de dólares a sus programas de manejo del estrés. Sin embargo, los investigadores médicos están todavía confundidos sobre cuáles son las causas del problema del estrés en primer lugar. Efectivamente, todavía discuten sobre qué es.

No hace mucho tiempo, la ciencia médica pensaba que era capaz de detectar y finalmente curar la mayoría, si no todas las enfermedades. Sin embargo, a pesar de muchos avances y mejoras en las técnicas de diagnóstico, la incidencia del cáncer y otras enfermedades está en unos índices sin precedentes.

"No hay nada nuevo bajo el sol", declaró el Rey Salomón en Eclesiastés 1:9. Desde el registro del inicio de los tiempos, empezando por Caín y Abel (*Génesis*, capítulo 4), la auto asertividad en lugar de la integración, la competencia en lugar de la cooperación y otras causas de estrés han sido rasgos típicos de todas las sociedades. Los valores, las actitudes y los patrones de comportamiento que están grabados en nuestra cultura estaban con nosotros mucho antes de la llegada de la ciencia newtoniana. De hecho, la enfermedad y el estrés siempre han sido un gran negocio, desde los días de los médicos brujos hasta nuestro tiempo actual.

Sin embargo, en las sociedades patriarcales del pasado estos peligros no parecían tan pronunciados como lo han sido desde que hemos adoptado la visión newtoniana-einsteniana del universo. Una buena pregunta sería: ¿por qué estos problemas se han reafirmado ahora, de una forma que podría muy bien ocasionar la aniquilación de la raza humana?

Una pista para la solución de estos problemas la proporciona el *Zóhar* en el discurso de la llegada del Mesías.

> *Rav Shimón levantó sus manos, lloró y dijo: ¡Ay de aquéllos que estén presentes en ese tiempo, y bendita es la porción de aquél que esté presente y SEA CAPAZ DE asistir a ese tiempo!". Rav Shimón explicó esta afirmación aparentemente paradójica de la siguiente manera: "Ay de aquel que se encuentra con ese periodo, o cuando la Fuerza hará contacto con la Shejiná (la manifestación omnímoda de la Fuerza). Él dirigirá su mirada sobre aquellos que permanezcan leales a ella, sobre todos*

quienes se han vuelto unificados con ella. La Fuerza contemplará las acciones y los actos de todos y cada uno de aquellos que no son considerados justos, sobre esto las escrituras declaran: 'Miré, y no había (Shejiná) para ayudar' (Isaías 63:5). Para aquellos, ¡tormentos y dificultades agonizantes están a la espera!

"Sin embargo, dignos de alabanza son aquellos que merecen la Fuerza de vida dadora de dicha, aquellos que se han vuelto unificados con la Shejiná. Con respecto a este periodo 'y los malvados', las escrituras afirman: 'Los refinaré como se refina la plata, y los limpiaré como se limpia el oro'. (Zacarías 13:9)". (El Zóhar, Shemot 15:96).

Rav Shimón confirmó que la Era Mesiánica traerá con ella una Luz y una riqueza que representa la infusión de la Fuerza a través de todos los mundos. El amanecer de un nuevo mundo aparecerá, y con su llegada la Fuerza empezará a liberar a la humanidad de nuestra ignorancia, trayendo un despertar y un bienestar espiritual (El *Zóhar Vayikrá* 59:388). Este objetivo, declara el *Zóhar*, está inextricablemente conectado con *Jojmá* (la sabiduría) y depende completamente de la diseminación del conocimiento verdadero, la sabiduría sublime de la Kabbalah. (El *Zóhar, Ajarei Mot* 4:32).

El *Zóhar* afirma que aquellos individuos que buscan una conexión con la Fuerza serán recompensados en la Era de Acuario con un reconocimiento de las relaciones internas entre el hombre y el cosmos. Con el aumento de la diseminación del conocimiento de la Kabbalah, una conciencia más elevada y la consciencia pura serán el dominio de las personas. .

Para cada acción hay una reacción equivalente y opuesta. Esta ley de la ciencia ha sido conocida por los kabbalistas como la Ley de los Dos Sistemas (*Entrada al Zóhar*, Rav Áshlag, págs. 22-27). Esta ley permite la eliminación del *Pan de la Vergüenza*, que es el propósito de la creación, y concuerda con el esquema cósmico del libre albedrío.

"El Señor ha puesto uno opuesto al otro", declaró el Rey Salomón en *Eclesiastés* 7:14. Desde el punto de vista kabbalístico, todo, incluidos los cuerpos celestiales, tiene tanto una energía-conciencia interna positiva como una energía-conciencia externa negativa. Esta idea sigue el patrón general de la dualidad sobre el cual está estructurada toda la creación, la física y la metafísica, la externa y la interna, el cuerpo y el alma. El cuerpo de conciencia externa sigue el modelo del *Deseo de Recibir Sólo para Uno Mismo*. Éste es el opuesto exacto del alma, que al estar alineada más próximamente con la Fuerza, está motivada por el *Deseo de Recibir con el propósito de compartir*.

Nuestra existencia, junto con la del cosmos, no resultó de un accidente cósmico monstruoso y sin sentido. Sólo el aspecto externo de la existencia es caótico. El estado interno del cosmos emergió con un alto grado de orden, coherencia y organización precisa, un diseño detallado y una uniformidad extraordinaria. Según la Kabbalah, el universo fue programado para evolucionar hacia un objetivo final, la compleción de un ciclo de corrección.

Si hay un orden y un diseño cósmicos, ¿dónde está la evidencia que probaría la simetría de la naturaleza?

En la naturaleza encontramos un número infinito de indicativos de que una inteligencia formativa dio forma y estructuró todas las cosas en su orden adecuado. El orden estructurado de un universo moviéndose hacia un propósito esencial resulta evidente en la conformidad universal de las entidades materiales con las leyes y los principios naturales. La exploración del mundo subatómico en el siglo veinte ha revelado la naturaleza dinámica de la energía y la materia. En el nivel cuántico, uno observa una interacción dentro del entramado cósmico de diseño y estructura.

Los avances tecnológicos recientes han ayudado a los científicos a descubrir muchos fenómenos cósmicos nuevos que los acercan a la Gran Teoría Unificada o GTU. Los kabbalistas dan la bienvenida a este día, pues verificará lo que ha sido conocido por ellos durante miles de años: que la materia, la energía, el espacio y el tiempo son manifestaciones de una Fuerza unificada omnímoda y omnipresente.

El *Zóhar* implica fuertemente a la humanidad como el mecanismo que está detrás de toda la actividad cósmica. Es la humanidad la que infunde energía cósmica negativa al cosmos, la cual manifiesta materialmente la energía-inteligencia del caos y el desorden.

Con la llegada de la Era de Acuario, las personas podrán elegir entre cumplir con el propósito de la creación, vaporizando así la inteligencia negativa dentro del cosmos, o sucumbir al negativo *Deseo de Recibir Sólo para Uno Mismo*, permitiendo de esta forma el dominio del mal sobre todo el cosmos. El *Zóhar* dice en *Jayei Sará* 11:70:

> *"Observa que cuando los días del hombre están firmemente establecidos en los grados divinos celestiales,*

entonces el hombre tiene un lugar permanente en el mundo. Sin embargo, si el hombre no ha tomado el lugar que le corresponde en el cosmos de la conexión con el espacio exterior, sus días descienden hasta que alcanzan el nivel cósmico donde reside el Señor de la Oscuridad. Entonces el Ángel de la Muerte recibe autoridad para arrebatarle el alma al hombre, contaminando su cuerpo para que siga siendo permanentemente parte del lado oscuro. Felices son los justos que no se han contaminado y en quienes no ha permanecido ninguna contaminación".

Los kabbalistas dicen que el proceso de pensamiento convierte el conocimiento en energía. Muchas personas se comunican con la Fuerza cotidianamente a través de la oración, la meditación u otras actividades mentales. Sin embargo, a pesar de que es un aspecto integral en la mayoría de vidas humanas, la Fuerza es científicamente indetectable. Tampoco el alma, esa parte de la Fuerza que llevamos en nuestro interior, puede ser identificada por los métodos científicos actuales.

¿Implica esto de alguna forma que la Fuerza no existe? Por supuesto que no. Sólo significa que el método científico es una forma inadecuada de detectar su existencia.

Aunque, desde nuestra limitada perspectiva, los dos mundos del espíritu y del sustento material parecen ser dos entidades distintas y separadas, no hay razón por la cual deban seguir siéndolo. Pueden ser integradas por los pensamientos del hombre.

Los primeros kabbalistas sentían y tenían una comprensión conceptual firme del inimaginable abismo del tiempo y la creación. Sin embargo, al no tener un lenguaje a través del cual pudieran compartir con el mundo sus verdades deducidas de forma intuitiva, pasaron su conocimiento en secreto y de palabra, de una generación de kabbalistas a la siguiente. Durante los siglos intermedios parecía como si las verdades de la Kabbalah, al menos para los laicos, estuvieran "encerradas y selladas hasta el fin de los tiempos".

Aquellos que contaminan el cosmos con su actividad negativa viven en un mundo de fricción, deterioro y destrucción. Para ellos los secretos de la vida están ciertamente sellados, encerrados en una caja fuerte de ignorancia y confusión.

> "Ay de ellos, pues son apartados de la Fuerza y se distancian de Él. Las dimensiones superiores e inferiores de energía-inteligencia los abandonan y dejan de participar en la interacción viviente de las cosas". (El Zóhar, Metzorá 1:1-5, 2:6-9).

El Zóhar identifica la Era de Acuario como la oportunidad para que la humanidad disfrute de una sensación de conciencia elevada no conocida desde la época del Templo. Tendremos el poder de conectarnos con la realidad eterna circular, el reino de la certeza, y extraer esta energía-inteligencia a la esfera de nuestra propia existencia. Por lo tanto, impregnaremos nuestra vida diaria de energía-inteligencia positiva para ayudar y apoyar nuestro bienestar mental y físico.

El dictamen del *Pan de la Vergüenza* decretó que la humanidad ciertamente podría tener y tendría la capacidad de influenciar el orden cósmico. En la Era de Acuario retornaremos a nuestro legítimo y correcto papel, dentro del esquema cósmico. La consciencia elevada está disponible para cualquiera que haga uso de la Kabbalah (el código cósmico del universo). Armados y equipados con la revelación de Acuario, podemos asumir de nuevo nuestro lugar como Emperadores del cosmos.

9. LA REVELACIÓN

¿Qué es el fenómeno

de la revelación?

El tiempo parece estar acelerándose a un índice cada vez más alto. En un periodo sorprendentemente corto de tiempo nos hemos desarrollado desde los tiempos de la tracción animal hasta la era de los viajes espaciales. La fibra óptica ha reemplazado a los voluminosos cables. Los láseres realizan cirugía con una mínima intrusión. Ciudades enteras pueden ser destruidas con sólo apretar un botón. Más es menos; menos es más.

¿A qué podemos atribuir este fenomenal cambio en nuestro entorno?

En Yitró 19:299, el *Zóhar* declara: "Todos los tesoros celestiales y misterios ocultos que no fueron revelados a subsiguientes generaciones serán revelados en la Era de Acuario". Se dice que la nueva era nos proporcionará una comprensión no sólo de nuestro universo conocido, sino de aquel que está más allá de nuestro rango de observación, en el reino de lo metafísico. Estamos viendo el inicio de una nueva era de revelación. Hoy, más que en cualquier otro momento de la historia, la Fuerza está pidiendo ser revelada.

"Igual que la Fuerza separó a aquellos en el Monte Sinaí, también Él los separará en la Redención Final". (El Zóhar, Nasó 6:98).

La Revelación en el Monte Sinaí está interpretada por el *Zóhar* de forma que significa una conexión entre la energía pura de la Fuerza y la nación de Israel. Por consiguiente, el uso de la palabra "revelación" significa que la Fuerza fue revelada sin los elementos protectores habituales que encubren y ocultan. La Era de Acuario, entonces, será de nuevo una era de revelación.

Con la eliminación del reino ilusorio y corpóreo de la realidad, la Luz del Monte Sinaí fue revelada en toda su gloria y la conciencia colectiva conocida como la nación de Israel fue elevada para convertirse en una nación de unidad con la Fuerza.

Rav Shimón dijo que cuando el Señor, la Fuerza, Se reveló en el Monte Sinaí, Él convocó a toda Su familia celestial y les dijo que en el presente los Israelitas eran como niños pequeños; no sabían como manejar Su presencia (la realidad cruda de la Fuerza). Si Él se les revelara en el atributo del Poder (Guevurá: energía pura, cruda) ellos no serían capaces de soportarla. Por lo tanto Él Se manifestaría ante ellos como Rajamim (compasión). Esta es la razón por la cual la revelación del Monte Sinaí tuvo lugar en el tercer día, (Éxodo 19:16), que es el día de Rajamim. Entonces él les dio la Torá del lado del Poder (Guevurá: energía pura, desnuda). Tres es el significado y el concepto conocido como Israel. (El Zóhar, Yitró 17:286-287).

La religión, tal como se practica ampliamente, hace poco por aliviar los problemas de la vida diaria. La vasta mayoría de los cristianos y los judíos obtienen escaso beneficio de los preceptos bíblicos. La observancia religiosa rutinaria hace poco por eliminar la inhumanidad del hombre hacia el hombre. Teniendo esto en cuenta, es lógico pensar que la religión se considera para muchos nada más que un agobiante impedimento hacia la realización de los objetivos e ideales de las personas.

El propósito de la Biblia no es regular tiránicamente el comportamiento. Cuando se entiende desde una perspectiva kabbalística, la Biblia otorga significado a la vida revelando y evocando la belleza y el poder de la Creación. El código bíblico, combinado con la meditación metódica, estimula el movimiento armonioso de la energía-pensamiento pura, lo cual resulta en una sensación persistente de que uno ha estado escuchando la más exquisita armonía musical.

Reflexionando sobre el verso: "Y todas las personas vieron las voces...". (Éxodo 20:15), el Zóhar plantea la pregunta de cómo puede uno "ver" voces. Ciertamente tenía que ser "escuchar las voces". No, se nos ha enseñado que las voces fueron creadas a partir de los elementos triples de la oscuridad, de forma que podían ser visiblemente comprendidas. Puesto que estaban bañados con la Luz Celestial de la Fuerza, los Israelitas de la generación del éxodo percibían cosas que otros, antes y después de ellos, no podían. Todos ellos se enfrentaron "cara a cara" con la Fuerza, sin miedo de ser quemados por su energía pura.

> *Las palabras del Zóhar "cara a cara", describen un universo dónde todas las manifestaciones, físicas y metafísicas, pueden unirse en una red de relaciones interconectadas, estando cada una de ellas separada de la otra y al mismo tiempo formando parte del todo unificado. Esta misma idea se expresa en la Biblia cuando declara: "Cara a cara habló el Señor" (Deuteronomio 5:4). ¿Y qué vieron ellos? Según Rav Yosi, de la energía-inteligencia de aquellas voces vino una percepción de todas las cosas ocultas. La generación del Éxodo vio incluso todas las generaciones futuras de la humanidad hasta los días del Rey Mesías. (El Zóhar, Yitró 19:296-297).*

Esta asombrosa declaración del *Zóhar* revela que los acontecimientos pueden operar no sólo desde el pasado hasta el futuro, sino también desde el futuro hasta el pasado. La Fuerza es nuestra máquina del tiempo, nuestra entrada a los mundos superiores. Sólo la Fuerza es capaz de eliminar la ilusión de la realidad corpórea, revelando un modelo cósmico que es, y será siempre, infinito y lleno de certeza. Este fue el fenómeno de la Revelación.

Fue Moisés en el Monte Sinaí quien transformó una horda de esclavos en una nación con la capacidad potencial de asegurar la paz y la armonía en el mundo. Sin embargo, cuando Israel cayó bajo la influencia del Becerro de Oro (*Éxodo* 32), su conexión con la Fuerza terminó. Los Israelitas no pudieron emplear más el asombroso poder de la Fuerza y eventualmente perecieron en el desierto. Esto ocurrió simplemente porque dejaron que su nivel de espiritualidad descendiera y por consiguiente se convirtieron en víctimas naturales del sufrimiento a lo largo de los siglos siguientes de Diáspora, persecución y finalmente la pesadilla del holocausto.

La Revelación fue una oportunidad para conectar con las herramientas y los canales adecuados para lograr un estado alterado de conciencia con el fin de conectar con la Fuerza. La Fuerza fue revelada. No había vuelta atrás. Pero el poder asombroso de la Fuerza era demasiado para que la humanidad pudiera manejarlo.

A lo largo del *Zóhar* y la Biblia, hay muchas referencias al periodo oscuro del Armagedón (*Ezequiel* 38:1-23). En el libro *Star Connection* (La Conexión Astral), hago referencia a la convulsión cósmica y su fuente: las acciones de la humanidad. Las descripciones de las escrituras indican que hay un vínculo entre el caos y la actividad humana. ¿Pero por qué conectar la penumbra del Armagedón con la Era de Acuario?

Rav Isaac Luria (el Arí) consideró los problemas conectados con la Era de Acuario y proporcionó una reflexión sobre las raíces de este asunto, que derivó de las doctrinas de la reencarnación.

Según el Arí, a los Israelitas a quienes se les entregó la revelación en el Monte Sinaí, estaban encarnados con almas con una intensidad muy elevada de *Deseo de Recibir*. Esto era así para permitir que la Fuerza infundiera el cosmos con Luz y benevolencia infinitas. Para evitar un cortocircuito catastrófico, la Revelación de la Ley Mosaica, incluidos los 613 preceptos, era necesaria para asegurar que la humanidad pudiera alcanzar y demostrar la restricción, la energía-inteligencia de la tercera Columna.

Las Leyes de Noé no eran insuficientes para reducir el grado del *Deseo de Recibir* de los Israelitas. Sólo el sistema bíblico de restricción era capaz de alcanzar la realización de la tarea del hombre en este mundo si su alma se encarnaba como un Israelita.

Las almas de los *Erev Rav* (Multitud Mixta) en el tiempo del *Éxodo* exhibían una arrogancia y una insensibilidad que aseguraron el fracaso de su misión. Aun hoy, las personas carentes de compasión, sensibilidad y tolerancia por los demás corrompen el cosmos con su energía-inteligencia negativa. Es a ellos a quienes les debemos un mundo desgarrado por la violencia. Ellos son los responsables directos del holocausto y la destrucción en todo el mundo. En conexión a esto, un buen punto de inicio para entender a los *Erev Rav* es acudir al *Zóhar*, que coloca el énfasis en la conciencia de estas personas.

> *Hay cinco grupos dentro de los Erev Rav. Éstos representan cinco grupos de personas malvadas en el mundo. El tercer grupo, conocido como Guiborim, son los constructores que están integrados entre los Israelitas. Ellos son almas encarnadas de la generación de la Torre de Babel. (Génesis 11:1-9). Los constructores de edificios construyen lugares de adoración y casas de estudio. Dedican rollos de la Torá y colocan coronas sobre los rollos. Sin embargo, sus actos son todo menos altruistas. Su único propósito es crear una imagen y un nombre para sí mismos. Tal como está escrito: "Hagamos un nombre para nosotros mismos" (Génesis 11:4). Estos individuos son bulliciosos y ruidosos, y dominan a aquellos que han sido bendecidos. Finalmente, su indulgencia egoísta causa que sus lugares de adoración*

y sus casas de estudio sean destrozados y derruidos. (El Zóhar, Bereshit A 20:224-225).

A lo largo de la Biblia leemos sobre una nación que nunca está satisfecha, que siempre se queja y nunca recuerda todo lo bueno que la Fuerza le ha proporcionado. Los *Erev Rav* fueron responsables de construir el Becerro de Oro. (El *Zóhar*, *Ki Tisá* 11:59-92). Cuando, de nuevo, como muchas veces antes, "Los *Erev Rav* que estaban entre ellos tenían un deseo insaciable, lloraron de nuevo, y dijeron: ¡Quién nos diera a comer carne! ¿Pero ahora nuestra alma se seca?". (*Números* 11:4-6).

Moisés los trajo a la nación de Israel y rogó en su nombre con el propósito de limpiar y elevar esta conciencia malvada y hacer que hiciera sólo el bien. Pero incluso Moisés acabó perdiendo su paciencia cuando se dio cuenta que este tipo de Israelitas estaba fuera del alcance de la salvación. Sus indicaciones indicaban su desesperación cuando rogaba al Señor: "¿Por qué has afligido a Tu siervo? No puedo soportar a estas personas solo, porque es demasiado pesado para mí". (*Números* 11:11).

A los *Erev Rav* se les concedió la libertad. En *Éxodo* 12:38 leemos sobre los milagros de las diez plagas, la división del Mar Rojo y sobre el milagro del Maná. (*Números* 11:9). Y todo en lo que podían pensar era: "Señor, ¿qué has hecho por nosotros últimamente?". Su ingratitud, arrogancia e insensibilidad empujaron al Señor a declarar el fin sobre ellos.

"Para toda esta gente que ha visto Mi Honor, Mis milagros que hice en Egipto y en el desierto, Me han puesto a prueba diez veces y aún así no han oído Mi voz. Si van a ver la tierra que le prometí a sus antepasados, todos aquellos que Me desdeñan no verán esa tierra". (*Números* 14:22-23).

Los *Erev Rav* eran incapaces de completar su *tikún* (corrección) en sus cuerpos físicos existentes. Al no tener elección, el Señor decretó: "En este desierto caerán los cadáveres de ustedes, y todos quienes entre ustedes fueron enumerados, de acuerdo a la totalidad, de veinte años arriba, que han murmurado contra Mí". (*Números* 14:28-29).

En conexión a esto, el verso adjunta por primera vez la palabra "Nazi" a la conciencia malvada del Israelita; el Señor dice: "*Vekol menazi lo yiruá*" (ni la verá ninguno de los que Me desdeñaron). (*Números* 14:23), una declaración sorprendente, a la luz del reciente holocausto en el que los perpetradores del asesinato masivo, la tortura y el terrorismo se conocen también como Nazis.

A lo largo de la historia documentada, toda la humanidad ha sido dividida en dos grupos básicos, los Israelitas y los *Erev Rav*. La historia manchada de sangre del conflicto religioso incorpora estas dos cualidades. Todas las religiones están formadas por aquellos que aceptan la premisa de "Ama a tu prójimo", y aquellos que proveen a la energía-inteligencia del mal. La intolerancia, el prejuicio y el fanatismo en el nombre del Señor son manifestaciones de la cara antisocial del Señor de la Oscuridad, los *Erev Rav*.

Cuando los gobiernos o las organizaciones religiosas imponen la tortura (física o hablada), la supresión y el genocidio, la energía-inteligencia interna del mal se vuelve físicamente expresada dentro del cosmos y ese segmento de la humanidad que no es necesariamente malvado, sino que está en el límite entre el bien y el mal, se siente empujado a recurrir a la actividad negativa. Aun las buenas personas pueden ser coaccionadas a realizar actos negativos y aceptar una continuidad del mal, a pesar de su intuición básica positiva.

Al editor de la revista Newsweek, preparando su edición semanal, se le ocurrió una vez la idea de colocar un reloj en la portada con las dos manillas marcando las 5 y las 7 de la tarde. Éstas eran las horas en las que se cometen más crímenes en todo el mundo. Lo que el editor no se cuestionó es por qué estas horas incitaban a los criminales a llevar a cabo sus actos.

¿Había alguna convención universal de criminales en la cual se hubiera tomado la decisión de elegir estas horas en particular? ¡Seguramente no! En realidad, es un periodo cercano al momento de la puesta de sol, cuando la negatividad visita a toda la humanidad. (El *Zóhar*, *Bereshit A* 12:141). La puesta de sol en sí misma no es la causa de la actividad criminal; esta distinción se debe a la influencia astral que dio lugar a la puesta del sol. Es en este momento cuando un individuo con una tendencia negativa puede sentirse empujado a llevar a cabo una acción criminal.

Desde el punto de vista kabbalístico, los cuerpos celestiales reflejan una inteligencia cósmica interna que les obliga a seguir una trayectoria en particular. El kabbalista no está principalmente preocupado por el aspecto físico de la rotación de la Tierra o por su trayectoria alrededor del Sol. El kabbalista pregunta qué fuerza cósmica crea una expresión física concreta.

Desde el funcionamiento interno del átomo, al complejo surrealismo del comportamiento humano, las radicales interpretaciones kabbalísticas de Rav Isaac Luria revelan las leyes fundamentales que gobiernan el comportamiento de las fuerzas cósmicas. La Kabbalah Luriánica nos permite comprender algunos de los secretos mejor guardados de la naturaleza. En este enfoque es primordial comprender las doctrinas básicas de la reencarnación.

La generación de Dor Deá, la Generación del Éxodo, la generación de la inteligencia, resurgirá en almas reencarnadas durante la Era de Acuario. (La Puerta de la Reencarnación, Rav Isaac Luria, págs. 52-53).

Aquí el Arí demuestra su familiaridad con la actividad cósmica y la inteligencia interna de la Era de Acuario. Los *Erev Rav*, que reencarnaron del *Dor Deá*, estarán al frente de esta manifestación del mal.

Los hombres serán el factor que determinará hacia dónde irá la Era de Acuario. ¿Será la energía del mal de los *Erev Rav* empleada con propósitos pacíficos, llevándonos a un cosmos de interdependencia e inseparabilidad? ¿O fracasarán en la realización del potencial de oro de esta era insistiendo en continuar con su arrogancia, y perpetuando así un mundo de crueldad e intolerancia hacia su prójimo?

Si se permite que la conciencia de los *Erev Rav* reine, el caos impregnará al cosmos. Si esto sucede, la Era de Acuario dará comienzo a una avalancha de odio y hostilidad profundos que infectarán a todo el mundo. De ahí viene la declaración del *Zóhar*:

"Pobres de aquellos que estarán presentes en aquel tiempo". (El *Zóhar, Éxodo* 15:96).

Sin embargo, si el alma humana está preparada para el renacimiento del Mesías, la conciencia de "Ama a tu prójimo" liberará a toda la gente del exilio. "Y los hombres morarán en ella, y no habrá allí más destrucción total", afirman las escrituras en Zacarías 14:11. La solución está contenida dentro de la revelación, "Ama a tu prójimo". Por lo tanto, comenta el *Zóhar*, "Alabados aquellos que estarán presentes en aquel tiempo". (El *Zóhar, Éxodo* 15:96).

La atención debe ser dirigida a nuestra capacidad para diferenciar entre aquellas almas que se originan a partir de la energía-inteligencia y las de los *Erev Rav*.

Puesto que el equilibrio del poder depende de la actividad humana, los *Erev Rav* representan una amenaza para la estabilidad cósmica y mundial. Ciertamente, ya en nuestros tiempos, la arena cósmica está convirtiéndose en una lucha de energías-inteligencias entre las fuerzas del bien y del mal, añadiendo peligrosas complejidades al ya precario equilibrio del terror, la guerra de la droga y el crimen.

¿Quiénes son los *Erev Rav*? La pregunta fue respondida por el Arí en *Los Escritos del Arí, Sefer Lekutim*, Vol.18, Pág.264: "Y estos son los *Erev Rav*, aquellos que contemplan, reflexionan y tienen pensamientos de inteligencias malvadas y negativas". Los *Erev Rav*, a través de sus acciones corruptas, ponen al mal en una posición de atrapar el poder de la Fuerza. Estos individuos malvados, en cualquier religión o encarnación, llenan el mundo de caos y turbulencia.

Los sociólogos y los planificadores gubernamentales expresan una gran preocupación por nuestra incapacidad para responder a la crisis de valores familiares. Los principios que con el tiempo han demostrado respaldar a las relaciones familiares se están desmoronando y están perdiendo el sentido para nuestra sociedad como conjunto. El aumento en las instituciones correccionales y mentales, y la aceleración de las enfermedades médicas, señalan el aspecto negativo de la Era de Acuario y la influencia de los *Erev Rav*.

En esta Era de Acuario, todos seremos infundidos con la comprensión que nos guiará a través de la ilusión hasta la realidad definitiva y omnímoda, la Fuerza. El conocimiento de la Fuerza será el dominio de todo. Si decidimos utilizar este conocimiento al servicio del bien, regresaremos al Jardín del Edén; si lo utilizamos al servicio del mal, traeremos a nuestras vidas la energía del Armagedón.

¿Qué elegirás?

10. LA INFLUENCIA CÓSMICA

¿Ejercen las fuerzas

celestiales una influencia

sobre nosotros y nuestro

planeta Tierra?

Este contra oeste, conflicto político, líderes religiosos y políticos que caen en la corrupción, bandas criminales, drogas, guerras librándose por todo el mundo... ¡si tan sólo pudiéramos escaparnos de todo esto!

El cielo nocturno sigue siendo un magnífico canal de escape de los problemas y las preocupaciones del mundo. Muchos de nosotros miramos el cosmos estrellado como terapia cuando sufrimos algún tipo de trauma o ansiedad.

¿Alguna vez te has estirado sobre la hierba en una cálida noche de verano y has contemplado el cielo estrellado? Mientras olemos la dulce fragancia del follaje de verano y contemplamos las distantes estrellas, nos olvidamos de nuestras preocupaciones mundanas. En momentos como estos, es fácil abandonarnos a la increíble belleza del panorama de un cielo repleto de agrupaciones de estrellas y entrar en un estado de relajación profunda.

Contemplar el cielo nocturno nos infunde una nueva perspectiva sobre todas las cosas. Con nada a nuestro alrededor que robe nuestra atención, nadie que nos recuerde nuestros problemas mundanos, empezamos a ver las cosas en su contexto cósmico más amplio, y nos sentimos realmente conectados con todo el universo.

Para bien o para mal, todos respondemos a la acción planetaria. Las respuestas de los seres humanos a los estímulos planetarios son un fenómeno verdaderamente asombroso. No es de sorprender que demos "gracias a nuestra buena estrella" en los momentos de buena fortuna. En algún nivel interno, sabemos que nuestro destino y nuestra felicidad están de alguna manera vinculados y conectados con las estrellas.

Sin embargo, nuestra conexión con el universo no nos permite tratar con las dificultades de nuestro planeta una vez que hemos regresado a la realidad cotidiana. Al regresar a la existencia mundana de nuevo encontramos difícil, sino imposible, resolver el acertijo de nuestras vidas, y todavía más enfrentarnos a los problemas del mundo. Como si fuera por un instinto inevitable, acudimos a los demás para que solucionen nuestra confusión. Buscamos la plenitud fuera de nosotros mismos, ya sea en el amor, la religión, el gobierno o la ciencia. En realidad, la clave para la conexión con las estrellas yace en nuestro interior.

Cada nación antigua —egipcia, china, persa, babilonia, por nombrar algunas— tiene una historia en las enseñanzas de la astrología.

A pesar de los ataques de numerosas fuentes, la más antigua de todas las ciencias —la astrología— es hoy en día más popular que nunca. La astrología kabbalística trata las causas de la conducta humana, al mismo tiempo que proporciona explicaciones sobre la actividad celestial. Sus raíces fueron plantadas hace cuatro mil años, en la primera y más antigua obra conocida sobre la Kabbalah, el *Séfer Yetsirá* (*El Libro de la Formación*), escrito por el Patriarca Abraham.

Muchas partes de la Biblia, una vez decodificadas, confirman la existencia de las influencias astrales. Por ejemplo, en *Génesis* 1:16-19 leemos:

> *"Y el Señor hizo las dos grandes luminarias, la luminaria mayor para dominio del día y la luminaria menor para dominio de la noche. Hizo también las estrellas…y para dominar el día y la noche, y para separar la luz de las tinieblas…Y fue la tarde y fue la mañana: día cuatro".*

Con la palabra "dominio", la Biblia se refiere a manifestar o gobernar. El Sol y la Luna, referidos en el verso anterior, son citados como cuerpos "dominantes".

Tanto la Biblia como el *Zóhar* dejan muy claro que el "azar" no responde a la pregunta de por qué nos suceden las cosas. Hay algunas extrañas coincidencias —acontecimientos inspirados— que sólo la astrología puede explicar. Pero lo que los kabbalistas siempre han sabido, y lo que un número cada vez mayor de científicos empiezan a descubrir, es que el hombre es un elemento vital y receptivo en el cosmos, aunque las fuerzas que gobiernan al hombre sigan siendo mayormente invisibles y desconocidas.

Los primeros kabbalistas estaban familiarizados con los campos cósmicos internos de los cuerpos celestiales y consideraban cada constelación y planeta como una entidad inteligente en la que las fuerzas constantes de los cuatro elementos: agua, fuego, aire y tierra, estaban operantes. Sus observaciones del universo, extraídas de las diversas reflexiones fuente del *Zóhar*, les permitieron proporcionar una guía válida para el individuo en su búsqueda de un entendimiento total. Y lo que es más importante, proporcionaron una disciplina que tenía la capacidad de elevar al individuo a un nivel más elevado de conciencia y conducta moral.

El Sol y la Luna son los que ejercen una mayor influencia sobre los habitantes de la Tierra, seguidos por Saturno, Júpiter, Marte, Venus y Mercurio. Es digno de mención que según la astrología kabbalística todas las influencias astrales están basadas en los centros de energía cósmica de estos siete planetas. Éstos son los únicos canales para dirigir el poder del cosmos. Los otros tres planetas, Plutón, Neptuno y Urano, no tienen una influencia directa.

La mayoría de los sabios *Talmúdicos* entendían y creían en el papel decisivo que jugaban los cuerpos celestiales a la hora de determinar los asuntos humanos. Mientras que admitían la posibilidad de que los astrólogos pudieran predecir el futuro consultando las estrellas, los sabios afirmaban que la mayoría de astrólogos no entendían los contenidos de sus predicciones.

Hoy en día, la astrología y la Kabbalah disfrutan de una enorme popularidad en la mente pública. Sin embargo, ambas disciplinas, tal como se transmiten popularmente, están repletas de mitos y falsas ideas. El fragmento del *Zóhar* que voy a citar a continuación puede que ofenda a algunos astrólogos, aunque yo no creo que haya necesariamente una contradicción entre el *Zóhar* y la astrología convencional.

"Y la sabiduría de sus palabras se perdió, pues perecerá la sabiduría de sus sabios, y el entendimiento de sus hombres prudentes será oculto". (Isaías 29:14). Las palabras "se perdió" se refieren a la sabiduría de los antiguos astrólogos egipcios cuyo entendimiento interno estaba y está oculto para ellos. (El *Zóhar, Ki Tetzé* 24:113).

Esto se debe a que, como explica el *Zóhar*: "...ellos no conocen la creación inicial de los cuerpos celestiales, sino sólo sus usos manifiestos. Su conocimiento está basado en los cambios que se observan en el mundo que experimentan, en sus viajes, y en la forma en que se utilizan".

En otras palabras, la antigua filosofía egipcia de la astrología no estaba fundada en la estructura interna de la Creación. Desde el punto de vista kabbalístico, el patrón cíclico de un cuerpo celestial es un reflejo de una inteligencia cósmica interna que lo empuja a moverse en su trayectoria particular.

Como los cuerpos celestes, el hombre también se mueve según las influencias externas e internas. Dentro de la composición general del ser humano encontramos dos elementos básicos o fuerzas de energía que lo impulsan a la acción: lo metafísico y lo físico, el cuerpo externo y el alma interna. El cuerpo actúa según su tendencia básica, que es el *Deseo de Recibir Sólo Para Sí Mismo*, mientras que la esencia del alma existe con el propósito de impartir. El alma expresa la polaridad positiva de la conciencia; el cuerpo expresa la polaridad negativa.

La dualidad de la conciencia inteligente existe tanto en el reino celestial como en el terrenal. Ya sea en el cuerpo de un hombre o en el cuerpo de un planeta, el aspecto externo está dominado por la energía-inteligencia negativa que gobierna sobre el caos y el desorden, mientras que el aspecto metafísico interno está gobernado por la energía-inteligencia positiva cuyo dominio es atemporal, omnipresente e irrefutablemente cierto.

El objetivo de este libro es ayudar al lector a conectar con el poder positivo e interno del cosmos, al mismo tiempo que evita las trampas que coloca para nosotros la influencia externa y negativa.

Tal como lo entienden los kabbalistas, el relato bíblico de la Creación se refiere a la creación de las energías-inteligencias positivas y negativas, el *Deseo de Recibir* y el *Deseo de Compartir*. La creación del mundo físico observable, incluido el hombre y los planetas, permitió que la humanidad recibiera la influencia de expresiones corpóreas del *Deseo de Recibir Sólo para Uno Mismo*. Los dos deseos opuestos lograron darle a la raza humana la oportunidad de eliminar el *Pan de la Vergüenza* a través del proceso de Restricción.

¿Puede que una cosa ocurra sin que haya una acción previa o una razón racional? La ciencia, con el nuevo fenómeno de la cuántica, ha estado haciendo fuertes afirmaciones desafiando el hecho de que cada acontecimiento tiene una causa. En su búsqueda para probar la falsedad de que cada acontecimiento tiene una causa, la ciencia no sólo tendría que encontrar un acontecimiento con una causa inexistente, sino que también tendría que demostrar un entendimiento total de la naturaleza. De otra forma, ¿cómo podríamos tener la certeza de que el acontecimiento en cuestión no está causado por algún proceso creativo totalmente desconocido y nunca antes descubierto?

Considera, por ejemplo, una situación en la que un motorista despistado está conduciendo por una autopista en el mismo momento en que un conductor ebrio choca contra la valla de contención, lo cual causa una colisión frontal entre ambos. No importa cuánta información esté disponible sobre los dos conductores y sus vehículos, no hay forma científica de determinar cómo ambos resultaron llegar al punto de impacto al mismo tiempo. Así pues, el resultado se considera intrínsecamente aleatorio e impredecible.

Otro ejemplo del dilema de la aleatoriedad es el problema de la enfermedad. El cáncer, un crecimiento anormal y descontrolado de las células y los tejidos, es algo potencial dentro de todos nosotros. Las células y los tejidos normales se consideran cancerosos, cuando, sin motivo conocido, dejan de funcionar de una forma normal. ¿Por qué el cáncer golpea a unos y a otros no?

Los sabios *Talmúdicos* creían en el papel decisivo que jugaban los cuerpos celestiales como determinantes en los asuntos humanos. Toda la civilización está vinculada y conecta con el movimiento y la influencia del cosmos. Cada acontecimiento "incognoscible" puede ser rastreado hasta llegar a algún aspecto de la intervención celestial, y eso incluye el percance con un conductor ebrio, así como el inicio de una enfermedad.

En muchos lugares del *Talmud* se afirma que cada hombre tiene un cuerpo celestial —una influencia cósmica particular— que es su maestro desde su concepción y su nacimiento. (*Talmud Babilónico*, Tratado *Shabat*, pág. 53b). Incluso los objetos inanimados no están libres de las influencias astrales. La Biblia está repleta de referencias a las invasiones de objetos inanimados. (*Levítico* 13:47-48). Las estrellas de ciertas constelaciones estaban conectadas con el crecimiento y la maduración de los frutos. (*Génesis Rabbá* 10:6).

Mientras que no hay una mención explícita de la astrología en la Biblia, la mayoría de sus contenidos, sino todos, aparecen revelados en historias, narraciones y preceptos incuestionablemente ligados con las influencias astrales.

El Año Nuevo Judío, o el primer y segundo día del mes hebreo de *Tishrei*, determinan la vida o la muerte de toda la humanidad.

> *"Rav Elazar dijo: "Este día se llama 'el día señalado, el día de nuestra fiesta' (Salmos 81:4) porque la luna todavía está cubierta y no brilla. En este día la luna está cubierta y no brilla hasta el décimo día". (El Zóhar, Shoftim 3:14).*

El *Zóhar* claramente define la posición cósmica de la luna en el primer día de *Tishrei*. El sustento de vida de todos los seres humanos se retira de la humanidad durante diez días completos. Este es el asombroso estado negativo de dominación cósmica por el cual la vida en el planeta Tierra se ve amenazado por la extinción.

El *Talmud* extiende esta idea declarando que no sólo los seres humanos están influenciados por las estrellas, sino que "no hay una brizna de hierba que no tenga su estrella en los cielos para que la toque y le diga: crece". (*Talmud Babilónico*, Tratado *Nidá*, p. 39b).

No es irrelevante que expertos de muchos campos ya no puedan tratar con los problemas que surgen en su área de especialización. Los físicos están desconcertados sobre la estructura de la materia; la policía es inútil ante el aumento del crimen; los oncólogos están totalmente confundidos sobre las causas del cáncer; y los psiquiatras se encuentran en un estado de confusión con respecto a la causa de la enfermedad mental.

A pesar de los muchos avances de la medicina científica y de las afirmaciones continuas de excelencia médica, la salud de la población mundial no parece haber mejorado de forma significativa. La visión mecanicista del organismo humano y el enfoque científico resultante de la salud con un énfasis excesivo en la tecnología médica, ha producido aparentemente pocos resultados positivos y duraderos.

Resolver nuestros problemas requerirá nada menos que una revolución espiritual. Debemos adoptar una visión del mundo dinámica y revolucionaria, con conciencia de la profunda conexión que existe entre la crisis, la buena fortuna y el cosmos. Diversos indicadores sociales ya apuntan en esta dirección. El atractivo creciente de la astrología, la sensación generalizada de insatisfacción con el estado de las cosas, la búsqueda de una mayor conciencia de nuestra existencia, el interés en los estados alterados de conciencia, el aumento de la medicina holística, todos estos indicadores proporcionan evidencia de que estamos al borde de una revuelta espiritual como nunca antes se ha visto en el mundo.

El famoso físico cuántico Niels Bohr escribió: "Las partículas de materia aisladas son abstracciones, pues sus propiedades son definibles y observables sólo a través de su interacción con otros sistemas". (*La teoría atómica y la descripción de la naturaleza, Niels Bohr*, Págs. 56-7). Los escépticos con dudas sobre la sabiduría de la astrología podrían considerar el reino subatómico, donde la naturaleza se manifiesta como una compleja red de relaciones entre las diversas partes de un todo unificado. A la luz de tal evidencia, sería prudente bajar sus defensas y aceptar la realidad y la totalidad del plan cósmico.

Un grupo de sabios de la *Mishná* (*Tanaim*), como Rav Akivá y Rav Johanán parecían indicar que el poder de las estrellas no se extendía al pueblo de Israel. Rav Johanán dijo: "No hay estrella, ni señal de la constelación para Israel". Por el contrario, Rav Hanina ben Hama afirmó: "Las estrellas hacen a uno sabio, las estrellas hacen a uno rico, y hay estrellas para Israel". (*Talmud Babilónico*, Tratado *Shabat*, Pág.156a). Mar Samuel, quien era un astrólogo y un astrónomo, se alineó con aquellos que mantenían que las estrellas sí tienen influencia sobre el pueblo de Israel, formulando numerosas pautas de agricultura y salud fundadas en principios astrológicos. (*Talmud Babilónico*, Tratado *Erubín*, p 56a).

Superficialmente puede parecer que los rabinos estaban divididos con respecto a si el pueblo de Israel estaba influenciado por el poder de las estrellas. Ciertamente, la autoridad de Rav Akivá debió haber sido suficiente para disuadir a los demás sabios de oponerse a su visión de la astrología.

A Rav Akivá se le dijo que su hija estaba destinada a morir en la noche de su boda. Rav Akivá sabía que el pasado, el presente y el futuro estaban vinculados de alguna forma y no tenía la certeza de si su hija vencería el impulso de la interpretación de las estrellas que la había sentenciado a morir en la noche de su boda. Esta predicción era una continua fuente de sufrimiento para Rav Akivá, tanto los días anteriores como la misma noche de la boda de su hija.

Aunque Rav Akivá conocía y abogaba por la ciencia de la astrología, no sentía que las estrellas gobernaban totalmente las acciones del hombre. Su opinión era que "la rectitud libra de la muerte" (*Proverbios* 10:2), lo cual es precisamente lo que ocurrió, a pesar de la desalentadora predicción astrológica.

Finalmente la hija de Rav Akivá fue indultada porque resistió su inclinación habitual a prestar atención a los invitados a la boda. En su lugar, se ocupó personalmente de que los pobres fueran atendidos y fue liberada de la muerte por la energía positiva que generó su acto desinteresado.

Con relación a la pregunta de si las estrellas ejercen o no influencia sobre la nación de Israel, descubrimos que los sabios estaban expresando dos perspectivas de la misma realidad. Rav Akivá presentaba la idea de que aunque las estrellas impulsan, no obligan. Él reconocía el carácter impulsor de los cuerpos celestiales, pero sabía cómo elevarse por encima de su influencia. Por lo tanto, dedujo que no hay estrellas para Israel. Los otros sabios también se dieron cuenta de que las estrellas tenían influencia sobre el comportamiento del hombre, pero no dirigieron su atención a la capacidad del hombre de controlar los poderes astrales. Sin embargo, estaban de acuerdo con la posibilidad de que la influencia de las estrellas pudiera no extenderse a Israel cuando Israel hubiera dominado la ciencia del control cósmico.

Como los kabbalistas anteriores a nosotros, muchos en la actualidad se están informando exhaustivamente sobre la influencia impulsora de las energías celestes. El *Zóhar* en *Vayeshev* 3:32-35 nos explica cómo estas Fuerzas se presentan en el universo, y cómo pueden ser controladas.

11. EL CONTROL HUMANO SOBRE EL COSMOS

¿Pueden los humanos ejercer control sobre las influencias cósmicas?

Desde la perspectiva newtoniana, los seres humanos eran vistos como poco más que unas complejas máquinas atrapadas involuntariamente en un enorme universo mecanicista. La nueva física, con su principio de la incertidumbre, defiende el libre albedrío mientras que otorga al individuo un papel importante en la naturaleza de la realidad física; sin embargo, ignora el lado espiritual del hombre. Con la sabiduría práctica de la Kabbalah, podemos integrar el libre albedrío y el determinismo y alcanzar un estatus no muy diferente al que disfrutaba Adán antes del "pecado".

Todos damos por sentado que el sol se pondrá por el oeste y saldrá por el este a la mañana siguiente. Planificamos nuestras vacaciones de verano durante el invierno. Toda la ropa de la estación está diseñada y fabricada en base a la premisa de una futura estación que todavía no ha llegado. Las casas de retiro se crean como resultado de conocer futuras condiciones climáticas. Estos son algunos de los numerosos indicadores de cómo el determinismo cósmico tiene influencia sobre la forma en que vivimos. No debería sorprendernos que el determinismo sea inyectado por el cosmos en áreas que no pueden verse tan fácilmente.

En al menos un aspecto, el *Zóhar* respalda la teoría cuántica. Ambos otorgan al observador, el hombre, un papel vital en la naturaleza de la realidad cósmica. Ambos presentan la conciencia humana como poseedora de una capacidad única de influenciar e incluso alterar radicalmente la naturaleza física del universo.

En la Biblia podemos encontrar un caso increíble del dominio humano sobre los cuerpos celestes, relacionado con los milagros cósmicos del sucesor de Moisés, Joshua Ben Nun (Josué). Se nos cuenta que mientras perseguía a los ameritas en Bet-Horón, Joshua Ben Nun ordenó al sol y la luna que no se movieran durante todo un día, asegurando así la victoria Israelita.

Las escrituras declaran: "…el Señor prestó atención a la voz de un hombre". (*Josué* 10:14). Según el Libro de Josué, la rotación de la Tierra alrededor del Sol fue interrumpida por la orden de Josué, quien imploró esta disrupción cósmica ante los ojos de Israel. Que estos cuerpos celestes, cuya inteligencia intrínseca dicta un movimiento preciso y predeterminado en trayectorias orbitales, obedecieron la orden de Josué aparece indicado en el siguiente pasaje:

"Y dijo en presencia de Israel: 'Sol, detente en Gabaón, y tú Luna, en el Valle de Ajalón'. Y el Sol se detuvo, y la Luna se paró, hasta que la nación se vengó de sus enemigos". (*Josué* 10:12-13). Una historia ciertamente fantástica y aun así una que se encaja con la teoría cuántica de la nueva era de la física.

A diferencia de la física newtoniana, que excluye la participación del hombre en los procesos cósmicos, la física cuántica mina el determinismo newtoniano, puesto que el observador se convierte en un participante de aquello que está observando y determina el resultado del experimento según lo que elige ver. Habiendo llegado a la conclusión de que el pensamiento puede cambiar el mundo físico, es un pequeño paso conceptual hacia la idea kabbalística de que la energía celestial puede ser dirigida por los pensamientos del hombre.

Con esto en mente, regresemos a nuestra narración de la hija de Rav Akivá, tal como relatamos en el capítulo previo. La capacidad de cambiar nuestro destino a través de nuestras acciones no contradice necesariamente la idea de un universo mecanicista. La alternativa a vivir en un marco de referencia mecanicista es alcanzar otra dimensión más elevada. La hija de Rav Akivá elevó su conciencia hasta un lugar en el que la predictibilidad de las leyes mecánicas ya no podía ser aplicada. El *Zóhar* proporciona muchos ejemplos de alteración de lo predecible:

> *Un día Rav Aba estaba sentado en la puerta de Lod cuando vio que un viajero agotado se sentaba en una saliente y allí se quedaba dormido. Rav Aba vio como una serpiente se deslizaba hacia aquel hombre, pero antes de llegar a él, un gran pájaro pasó volando y se comió a la serpiente. El hombre despertó, vio la serpiente muerta frente a él, se apartó, y tan pronto como lo hizo la saliente se desplomó y cayó al vacío, quedando el hombre ileso. Rav Aba se acercó a él y le dijo: "Dime, ¿qué has hecho para que el Señor realice dos milagros para ti?" El hombre contestó: "Nunca ha habido nadie que me haya*

lastimado con quien no haya hecho las paces y lo haya perdonado. Es más, si no podía hacer las paces con él, no me retiraba a descansar antes de perdonarlo, junto con todos aquellos que me habían vejado. Tampoco estuve nunca preocupado en ningún momento por el mal que cualquier hombre pudo hacerme; me esforcé para mostrar amabilidad a tal hombre". Al escuchar esto, Rav Aba dijo llorando: "Las acciones de este hombre sobresalen incluso a las de Yosef. Pues Yosef mostró compasión hacia sus propios hermanos (Génesis 45:3-8), pero este hombre hizo más, y fue por lo tanto adecuado que el Señor realizara por él un milagro tras otro.
(El Zóhar, Mikets 11:186-189).

En la siguiente parábola, traducida libremente del *Zóhar*, se nos proporciona una demostración más del vínculo entre las influencias astrales y lo predecible:

Rav Jiya y Rav Yosi estaban acercándose a una montaña cuando vieron a dos hombres caminando por allí. Un vagabundo se acercó a uno de los dos y dijo: "Le ruego, deme comida, aunque sea sólo un trozo de pan, pues durante dos días he estado vagando por el monte sin comida". Uno de los dos hombres sacó la comida y la bebida que había traído con él para el viaje y se la dio a aquel pobre hombre. Famélico, el pobre hombre comió toda la comida que le había dado con excepción de un pedazo de pan. Ese trozo de pan también fue entregado al pobre hombre para el camino. Su compañero le preguntó: "¿Cómo conseguirás comida? Yo voy a comer la mía y no la compartiré contigo". El otro replicó:

"¿Dependo o quiero comer de la tuya?".

Los dos hombres reemprendieron su camino. Rav Jija y Rav Yosi los siguieron. Al poco, el hombre que había entregado toda su comida estaba desmayado de hambre. Su compañero le dijo: "¿No te dije que no compartieras tu pan con aquel hombre pobre?". Al escuchar esto, Rav Jiya le susurró a Rav Yosi: "Tenemos suficiente comida, démosle un poco de pan". Rav Yosi respondió: "¿Le arrebatarías el mérito de su buena acción? Sigámosles y observemos el resultado, pues seguro que la palidez de la muerte está en la cara de este hombre. Creo que el Señor ha preparado todo el incidente para él con el fin de liberarlo".

Siguieron caminando y al poco tiempo, el hombre que estaba desmayado de hambre se durmió bajo un árbol y su compañero lo dejó allí. Rav Yosi dijo entonces a Rav Jiya: "Ahora observaremos un milagro". Y efectivamente, al poco rato una víbora vino a descansar al lado de aquel hombre. Dijo Rav Jiya: "Ay de este hombre, pues seguro que ahora morirá". Rav Yosi replicó: "No. Él merece que se haga un milagro en su nombre". Y he aquí que otra serpiente se deslizó desde el árbol con la intención de matar al hombre, pero la víbora la atacó y la mató antes de girar su cabeza y partir.

Rav Yosi dijo: "¿No te dije que el Señor realizaría un milagro por él, y que no debías privarle de su mérito ofreciéndole comida?".

*Poco después, el hombre se despertó y se puso en pie
para partir. Rav Jiya y Rav Yosi se aproximaron y le dieron
comida. Cuando hubo comido, Rav Jiya le informó del
milagro que el Señor había realizado para él. Por lo tanto,
está escrito: "La rectitud libra de la muerte". (Proverbios
10:2). ¿Por qué? Porque la rectitud es el Árbol de la Vida,
y se alza contra el Árbol de la Muerte. (El Zóhar, Behar
9:58-62).*

Rav Yosi creyó acertadamente que la influencia astral que podría
haber impulsado la muerte de este individuo sería vencida por su
acto supremo de compartir. Y así fue. El patrón astrológico fue
cambiado por las acciones del hombre, probando así el axioma
kabbalístico: "las estrellas impulsan, pero no obligan".

El significado que parece emerger del *Zóhar* es la necesidad de
establecer dentro de nosotros mismos el entendimiento
kabbalístico de la causa y el efecto. El *Zóhar* reconoció la futilidad
de la lógica que vincula irrevocablemente la causa con el efecto.
Las acciones del hombre, aunque estén separadas de sus efectos
por el tiempo, el espacio y el movimiento, no se pierden ni se
olvidan. Los actos altruistas de los personajes de las narraciones
Zoháricas demostraban su empatía, sensibilidad y entendimiento.
Aun así, su conciencia positiva y sus acciones generosas, tiempo
después de marcharse del terreno físico, mantuvieron su
continuidad.

Por lo tanto, fuera cual fuera el destino que estuviera esperando
a estos individuos, fue transformado. Las energías celestiales,
establecidas con el propósito de corregir una encarnación previa,
empujaron a la Fuerza de una manera que coincidía con el *tikún*

del alma o proceso correctivo. La acción positiva, un ingrediente necesario al revisar el ciclo de corrección, fue activada por los participantes en ambas narraciones. El vínculo con la actividad positiva tuvo lugar antes de que las estrellas pudieran ejecutar su resultado predeterminado. Su preocupación sincera por su prójimo perturbó el mapa kármico puesto en marcha por las estrellas.

El *Zóhar* anterior apunta a una reconciliación entre la aparente aleatoriedad de la mecánica cuántica, el determinismo de la física newtoniana y el libre albedrío del hombre. El determinismo cósmico dictó las condiciones en las cuales los participantes se encontrarían con su muerte. Sin embargo, en cada caso, la preferencia del protagonista por la conciencia positiva transformó una selección predeterminada de muerte a una decisión de libre albedrío de vivir.

Según la teoría newtoniana, el universo actúa de forma similar a un reloj gigante, que avanza hacia un estado final predecible e inalterable. Desde la perspectiva newtoniana, los seres humanos son poco más que un eslabón en la cadena de un mecanismo cósmico colosal. La física cuántica ofrece a la humanidad la capacidad de ejercer influencia sobre el universo físico, pero poco en el camino del libre albedrío. La Kabbalah enseña que la conciencia puede integrar todas las disparidades, mentales, físicas y espirituales.

Hay dos universos paralelos, uno es la realidad perfecta del Árbol de la Vida, donde el pasado, el presente y el futuro existen como aspectos indiferenciados del continuo divino, y donde la actividad humana negativa es inmediatamente arreglada. La otra realidad, el ilusorio Árbol del Conocimiento, existe solamente con el propósito de permitir al hombre el libre albedrío suficiente para aliviar el *Pan de la Vergüenza*. Es esta realidad ilusoria la que contiene la fragmentación del tiempo, el caos y el desorden. La realidad del Árbol del Conocimiento es el dominio de aquellos que se abandonan al *Deseo de Recibir Sólo Para Sí Mismo*. La realidad del Árbol de la Vida está reservada para aquellos que ejercen la restricción sobre el aspecto negativo del deseo, y por tanto manifiestan el *Deseo de Recibir con el propósito de compartir*.

Desde la perspectiva kabbalística, el libre albedrío consiste en una decisión. O una persona selecciona una trayectoria positiva de conciencia y se vincula con la satisfacción total que proporciona la realidad del Árbol de la Vida, o elige el reino ilusorio del Árbol del Conocimiento de caos y desorden, para luego plantear la pregunta de "¿por qué yo?" cuando de repente la desgracia toma el control de su vida.

Por consiguiente, el kabbalista se mantiene alejado del reino de la ilusión física y hace cualquier intento por conectar con la realidad que todo lo ve y todo lo sabe del Árbol de la Vida, llevando así su vida y su entorno a estar en perfecta armonía con el cosmos.

¿Quién en su sano juicio lastimaría a su prójimo si supiera que ese acto causaría su propio ataque al corazón? ¿Quién se arriesgaría a tener un cáncer producido como resultado directo de un desequilibrio en su *Deseo de Recibir*? ¿Quién, si pudiera ver los efectos mortales de sus acciones negativas, sería tan estúpido como para llevar a cabo tales acciones?

La ilusión de que vivimos en un universo caótico donde los acontecimientos ocurren de forma accidental es una de las falsas ideas más comunes que la Kabbalah intenta destruir. En realidad, todas las desgracias que nos ocurren son el resultado directo de nuestro propio comportamiento negativo y de decisiones que hemos tomado en el pasado, independientemente de lo distantes en el tiempo que puedan estar del efecto. Al restringir el aspecto negativo del deseo, activamos la conciencia del Árbol de la Vida, liberándonos así de la doctrina de la reencarnación, que dicta que si una persona realiza una actividad negativa en una vida, debe sufrir una repetición de sus errores pasados en la siguiente.

La Kabbalah es clara en su insistencia de que es necesario un universo indeterminado para establecer el libre albedrío. Para el individuo negativo, el libre albedrío es una ilusión.

¿Te has dado cuenta de que la conclusión de que no tenemos poder para ejercer influencia sobre los acontecimientos suele surgir cuando nos ocurre una desgracia?

Aunque la mayoría de nosotros admitiría que ejercemos cierta influencia en el resultado de los acontecimientos cotidianos, tenemos serias dudas con respecto a nuestra capacidad para hacer cambios duraderos en nuestra vida. En realidad, las cosas malas sólo les ocurren a aquellos que están atrapados en la realidad ilusoria. Si elegimos movernos a un estado de conciencia alterado más positivo y elevado , llegamos a un universo perfecto con una estructura perfecta de orden, felicidad y plenitud.

Si más gente hubiera sido expuesta a los conceptos kabbalísticos y a las razones que hay detrás de éstos, se haría menos énfasis en los valores materiales. Esto no niega de ninguna manera la realidad física, que es de vital importancia para el ciclo de corrección del alma. Sin embargo, debemos siempre acordarnos de atemperar nuestras acciones físicas con el conocimiento de que venimos de la realidad metafísica y es allí donde debemos regresar.

Esta idea está respaldada por la física cuántica, que afirma que la materia, cuando se observa desde una perspectiva subatómica, es totalmente carente de sustancia material. Según la teoría cuántica, el llamado mundo físico no tiene una base material. Las "partículas" subatómicas, los "bloques de construcción" de la naturaleza, la "estructura" subyacente del mundo físico, es en realidad algo que podría describirse mejor como "tendencias a ser" metafísicas.

Hay una fuerte posibilidad de que el reino metafísico nunca pueda ser verificado de forma científica. Esto no le preocupa al kabbalista. Pues aunque ningún observador llegue a validar empíricamente la existencia del reino metafísico perfecto, la ciencia tampoco podrá nunca refutar su presencia. Ciertamente, con el principio de incertidumbre, la ciencia ya no puede proclamar el dominio sobre el mundo material, ni siquiera probar su existencia.

Si crees que es difícil cuestionar la presencia de la realidad física, de ninguna manera estás solo. Todos hemos estado programados desde la infancia para creer que todo lo que podemos sentir, saborear, tocar y ver, es todo lo que existe. Por lo tanto, no debe sorprendernos que tengamos dificultades para aceptar la idea de que el mundo físico es una ilusión. La idea de que la materia en su esencia es inmaterial nos deja con una sensación de que no hay mucho en lo que podamos apoyarnos con seguridad. Sin embargo, la insistencia obstinada en valores y perspectivas caducadas no hará nada por mejorar nuestro bienestar físico, mental, emocional o espiritual.

Desde los tiempos de Abraham el Patriarca, los hebreos demostraron una percepción asombrosa para la física rudimentaria. Aunque no en el lenguaje moderno de las matemáticas, los primeros kabbalistas llevaron a cabo una aplicación práctica de su entendimiento de la Fuerza y las influencias astrales. Para ellos, las letras hebreas, los nombres de veintidós energías-inteligencias poderosas y diferenciadas, están animadas con una fuerza espiritual que es más inmensa que la energía atómica. Pero el alfabeto hebreo no tiene una utilidad práctica si no entendemos cómo conectarnos a esta red suprema que todo lo abarca. La Kabbalah es un programa que nos brinda acceso a este sistema vital conocido como el Árbol de la Vida.

Las respuestas a los misterios más intratables de la vida están vinculadas a la forma en que pensamos y cómo actuamos. En *Los Escritos del Arí, La Puerta de la Conciencia Elevada*, pág. 5, Rav Isaac Luria (el Arí) describe lo que ocurre cuando la conciencia afecta a la materia:

Cuando una persona realiza una buena acción, manifiesta y adquiere fuerza personal de inteligencia de vida positiva. Toda la esencia dentro de nuestro universo ha sido estructurada por las acciones del hombre. Pues incluso el sonido que emana al golpear una piedra con una vara no es en vano. Mantiene su lugar legítimo en el cosmos. Incluso de las palabras que el hombre pronuncia con su boca se crean fuerzas de vida angelicales metafísicas. Estas mismas fuerzas se convierten en carrozas integradas con la totalidad del cosmos. Luego se conectan con las almas de los justos del pasado. A través de esta interconexión, estas formas de vida de energía-inteligencia sirven luego como proveedoras de inteligencias cósmicas. Éstas ayudan al creador (el hombre) de estas fuerzas, quien se convierte en carrozas para la inteligencia cósmica.

Los Israelitas estaban provistos de un sistema a través del cual podían trascender el reino ilusorio. Puesto que desplegaba una energía-conciencia positiva, el alfabeto hebreo podía servir a los individuos positivos a apoyar su actividad dirigida a alcanzar la comunión con el universo del Árbol de la Vida. Consecuentemente, la afirmación: "No hay influencias astrales sobre la nación de Israel" podía aplicarse a aquellos que podían conectar con el asombroso poder del Cosmos a través de su conocimiento y uso práctico del alfabeto hebreo. Sin embargo, aquellos Israelitas y otros ignorantes del conocimiento de los cuerpos celestiales e inconscientes del inmenso poder del alfabeto hebreo, permanecerían en el universo de la ilusión y la desgracia.

Por lo tanto, tenemos ante nosotros el sistema a través del cual uno puede alcanzar una conexión cósmica con el Árbol de la Vida: el alfabeto hebreo. También obtenemos la respuesta a la pregunta formulada anteriormente sobre si hay o no *mazal* (influencia astral) para la nación de Israel.

De nuevo, con el riesgo de molestar a algunos astrólogos, citaré al *Zóhar*: "Y la sabiduría de sus sabios se perdió" (Isaías 29:14) La afirmación del *Zóhar* de que la sabiduría de sus palabras "se perdió" se refiere a la sabiduría de los antiguos egipcios, cuya comprensión de lo interno había sido ocultada para siempre. Como muchos astrólogos en la actualidad, los egipcios tenían poder espiritual pero no sabían cómo utilizarlo. Tal como seguidamente explica el *Zóhar*: "Los egipcios no tenían conocimiento de la creación inicial de los cuerpos celestes. Su conocimiento estaba basado sólo en los movimientos externos de los planetas que se observan en sus órbitas celestes". (El *Zóhar*, *Ki Tetsé* 24:113). Por el contrario, la astrología kabbalística busca entender la estructura interna de la Creación, el reino de la Fuerza.

La explicación del *Zóhar* del verso anterior revela el patrón general de dualidad sobre el cual está estructurada toda la Creación: lo físico y lo metafísico, lo externo y lo interno. El hombre, en quien encontramos tanto un cuerpo y un alma, no está estructurado de forma distinta.

Con la ayuda del mapa kabbalístico de nuestro universo, nos sorprenderá hasta qué punto podemos controlar nuestro entorno y, lo que es más importante, nuestro propio futuro. Alterar o transformar un curso predeterminado requiere de previsión y voluntad para cambiar nuestro comportamiento. Los signos del zodíaco serán nuestros postes indicadores, nuestros escudos y nuestra arma en la lucha contra las fuerzas del caos.

Con el conocimiento de la Kabbalah, el astrólogo espiritual puede predecir con una precisión asombrosa fechas específicas en las cuales tendrán lugar ciertos acontecimientos. Un astrólogo puede revelar también aspectos sobre el carácter de un individuo que, de haberse conocido antes, podrían haber evitado a muchos una crisis personal o familiar. Sin embargo, si una predicción es de fatalidad o desgracia, el astrólogo debe tener la precaución de asegurar al individuo que con la actitud adecuada de restricción él o ella puede evitar el desastre.

La historia del pueblo judío, quizás en un grado superior al de cualquier otra nación, ha estado marcada por el conflicto entre la realidad espiritual y la física. Esto todavía sigue siendo un problema. Hoy en día, pocos negarían la necesidad de infundir energía espiritual al mundo. Los niveles decrecientes de todas las religiones sólo sirven para subrayar la necesidad de una renovación de la tradición esotérica de la Kabbalah. La clave para la llegada del Mesías y el final de la matanza humana puede hallarse en el conocimiento y la práctica de este antiguo arte.

"Somos afortunados de vivir en la Era Mesiánica de Acuario", dice Rav Abraham Azulai (1570-1643), en su *Introducción al Or Hajamá,* " ... pues las herramientas y los mecanismos para el cambio que fueron escondidos durante mucho tiempo están ahora disponibles de nuevo". La conexión metafísica, con la cual los hebreos lidiaron por primera vez, está de nuevo accesible para todos aquellos que tengan la voluntad y el conocimiento para utilizarla. Es la energía del Gran *Éxodo* que entra en el escenario para pedir un bis.

Del *Zóhar* aprendemos por qué y cuán profundamente fueron ocultados los secretos de la Kabbalah:

> *Se dice que, un día Rav Yosi entró en una caverna y al fondo de ésta encontró un libro oculto dentro de un agujero que había en una roca. Lo sacó de allí y vio setenta y dos trazos de letras que habían sido entregados a Adán. Él (Adán) conocía toda la sabiduría de los seres*

superiores y de todos aquellos seres que permanecen tras las klipot y que se manifiestan tras el velo protegiendo a las esencias celestiales. Él sabía todo lo que estaba destinado a ocurrir en el mundo.

Llamó a Rav Yehuda y los dos empezaron a examinar el libro. Después de leer tan solo dos o tres letras pudieron captar algunos destellos de la sabiduría celestial. Pero tan pronto como empezaron a ir más profundo, una llama ardiente golpeó sus manos, y el libro desapareció ante ellos.

Fueron a ver a Rav Shimón y le contaron lo que había ocurrido. Rav Shimón les preguntó: "¿Estaban quizás examinando las letras que tratan sobre la llegada del Mesías?" Rav Yosi y Rav Yehuda no podían responder, pues lo habían olvidado todo. Rav Shimón les dijo: "El Señor no desea que se revele tanto al mundo, pero cuando los días del Mesías estén por llegar, aun los niños pequeños descubrirán los secretos de la sabiduría. En ese tiempo se le revelará a todos, tal como está escrito: 'Pues entonces devolveré a los pueblos un lenguaje puro'. (Sofonías 3:9)".
(El Zóhar, Vaerá 32:457-460).

Así pues, el nuevo espíritu hallará su expresión en el ideal de la Kabbalah y abrirá nuevas esferas de conciencia durante la Era Mesiánica.

12. ALMAS LUNARES

¿Por qué hay hombres justos

que son un despojo físico mientras

que muchos hombres injustos están

sanos y robustos?

¿Has tenido alguna vez la sensación de que a alguien o algo ahí fuera no le gustas?

Los primeros kabbalistas estaban íntimamente familiarizados con los cuerpos celestiales y consideraban sus movimientos a través de los cielos como expresiones físicas de inteligencia extraterrestre. Ellos veían las constelaciones y los planetas como entidades inteligentes, motivadas por energías internas que se manifiestan en la Tierra como los cuatro elementos: agua, fuego, aire y tierra.

Por muy extraña que pueda parecer hoy esta idea, las observaciones del universo de los primeros kabbalistas, inspiradas por las reflexiones del *Zóhar*, les permitieron proporcionar una guía válida para el individuo en busca de la mejoría de su bienestar físico, emocional y mental. Y lo que es más importante, proporcionan una disciplina que podría llevar al aspirante a un nivel más elevado de conciencia y conducta moral.

El Sol y la Luna ejercen la influencia más directa sobre los habitantes de la Tierra; las influencias astrales de los cuerpos planetarios, Saturno, Júpiter, Marte, Venus y Mercurio también nos afectan, pero en un menor grado. A través de la astrología, nos volvemos conscientes de cómo operan estas inteligencias cósmicas y aprendemos a utilizarlas.

En la astrología, hay un reconocimiento de las fuerzas débiles y fuertes que mueven el universo y motivan al individuo. El conocimiento de estas características nos ayuda a descubrir las causas y las relaciones entre nuestras acciones y las del cosmos. El conocimiento interno de la astrología, oculto en El *Libro de la Formación* de Abraham, enfatiza que siempre que un individuo obtiene una comprensión conceptual de una de estas características, activa esa misma parte de la fuerza dentro de sí mismo. Estas conexiones a menudo se experimentan de forma interna, tomando la forma de "tormenta de ideas" o momentos de inspiración o de lucidez extrema. Ocasionalmente, se manifiestan de forma física, en "apariciones" u otros fenómenos similares.

El *Zóhar*, en *Ki Tetsé* 24:113, nos dice que la energía positiva del Sol ejerce menos influencia sobre la Luna cuando la Luna está en fase decreciente que cuando está en fase creciente. El autor atribuye esto a la influencia negativa o de la Columna Izquierda, que se va volviendo más dominante desde el inicio del decimoquinto día del ciclo lunar y dura hasta el último día. Esta descripción intrigante relativa a la interacción entre la Luna y el Sol es la base de una asombrosa conclusión *Zohárica*. Debido a que el ciclo lunar representa una revelación y un ocultamiento graduales de la energía positiva y negativa (el bien y el mal), y puesto que la Luna refleja los destinos del hombre, uno debe evitar aventurarse a iniciar nada nuevo desde el día 16 del mes lunar hasta el día que precede la llegada del mes siguiente.

¿Por qué, pregunta el Zóhar, hay hombres justos que son un despojo físico mientras que muchos hombres injustos están sanos y robustos? Uno puede especular que los últimos nacieron de padres virtuosos mientras que los primeros, aun siendo justos, no son hijos de padres justos. Sin embargo, los hechos contradicen esto, puesto que vemos a muchos hombres honestos y honorables que son hijos de padres que aun siendo dignos vivieron una variedad de aflicciones físicas y espirituales. (El Zóhar, Vayeshev 3:25-36).

Examinemos ahora la posición del destino y el determinismo tal como los entiende la Kabbalah. El *Zóhar* y otras doctrinas místicas de los antiguos arrojan luz sobre este tema. En esencia, nos dicen que hay un periodo en el que la Luna es "defectuosa", un tiempo en el que el "juicio" la visita y el Sol se oculta de ella. Es la Luna la que, en todos los tiempos y las estaciones, libera almas para entrar en los hijos de los hombres, después de haberlas reunido previamente con ese propósito. Un alma liberada con ese propósito cuando la Luna está menguante —más específicamente, cuando empieza a descender después del decimoquinto día del mes lunar— será víctima potencial de la degradación, pobreza y castigo, sea una persona pecadora o justa; mientras que las almas que envía la Luna cuando está en el grado de ascensión tienen más probabilidades de disfrutar de una abundancia de riqueza, hijos y salud, todo a cuenta del *mazal* (influencia astral), que fluye y se une a ese grado para ser perfeccionado y bendecido por éste.

Por lo tanto, nosotros vemos que muchas cosas dependen del *mazal* y que la duración de la vida de una persona, sus hijos y su estilo de vida no son totalmente dependientes de los méritos propios. Más bien una gran parte depende de esta influencia astral en particular, el *mazal*.

¿Significa esto que el *Zóhar* nos condena a muchas vidas de miseria o de buena fortuna sin darnos la oportunidad de intervenir o compartir en nuestro destino? No. Como mencioné anteriormente, el dictado de "no hay *mazal* para la nación de Israel" es de a aquellos que son ignorantes y no han tenido la oportunidad de elevarse por encima de la determinación del *mazal*. Consecuentemente, es sabio que cada uno de nosotros busque un estado alterado de conciencia que nos va a permitir elevarnos por encima de nuestro marco predeterminado de infortunio.

Lo que se desprende del fragmento anterior del *Zóhar* es que los planetas y las constelaciones presentan fuerzas constantes en el universo. Con el fin de conceptualizarlas, estas fuerzas de las constelaciones pueden ser visualizadas como las portadoras de la energía-inteligencia. Moduladas por la interacción de las influencias planetarias, estas fuerzas se emplean en la renovación y el nacimiento de almas.

Antes de esta era, los conceptos que se presentan aquí estaban reservados para unos pocos sabios, místicos, profetas y gente santa que, al alcanzar niveles elevados de conciencia, han visto el mundo en toda su majestuosa belleza. Afortunadamente, la Era de Acuario será un periodo de iluminación universal, en el cual los secretos de la Kabbalah estarán disponibles para todo el mundo.

Como predijo el profeta *Jeremías* con respecto a este periodo memorable: "No tendrán que enseñar más cada uno a su prójimo y cada cual a su hermano, diciéndole: 'Conoce al Señor,' porque todos Me conocerán, desde el más pequeño de ellos hasta el más grande". (*Jeremías* 31:33).

TERCERA PARTE

ZONAS CÓSMICAS DE PELIGRO

13. ZONAS DE PELIGRO MENSUALES

¿Cómo afecta la elección

de un día a la actividad planificada?

Y el Señor dijo a Abram: "Vete de tu tierra, de tu lugar de nacimiento y de la casa de tu padre". (Génesis 12:1).

El anterior mandato ordenaba a Abraham que abandonara la casa de la Luna, la casa de Saturno y la casa de Marte. Pues cuando las casas de Marte, Saturno y la Luna prevalecen, uno no debe aventurarse en un nuevo proyecto.

Según el código bíblico, la energía-inteligencia negativa conocida como Purgatorio emergió en el segundo Día de la Creación. Puesto que la energía que dio nacimiento al Purgatorio era de cualidad negativa, los kabbalistas señalan el segundo día de la semana, el lunes, como un día de actividad negativa intensa. Descrito en los textos antiguos como la encarnación de esta energía negativa, Marte, el "planeta rojo", está asociado con el Segundo Día y por consiguiente está considerado como una influencia negativa.

En el Cuarto Día de la Creación, se dice que la luna ha atravesado una transformación negativa a partir de su estado original soleado. (El *Zóhar*, *Bereshit A* 9:11). Por lo tanto, el Cuarto Día, el miércoles, está vinculado con la idea de "empobrecimiento" o la pérdida del brillo de la Luna. En el Cuarto Día, este estado "empobrecido" de actividad lunar disminuida prevalece sobre todas las actividades terrenales. Los individuos malvados caen en sus garras en este día, mientras que los justos buscan refugio de ella.

Emprender una nueva empresa en el momento equivocado es como plantar una semilla en la estación errónea. Simplemente no crecerá. Cuando algo se inicia en el momento inadecuado, las probabilidades de invitar al infortunio son mucho mayores, ya se trate de un mal matrimonio o un mal negocio. Por lo tanto, uno debe ir con cuidado de no iniciar un nuevo proyecto o acuerdo en un lunes o un miércoles, el segundo y el cuarto día de la semana. (El *Zóhar*, *Ki Tetsé* 24:112-113).

Cuanto menos nos expongamos a la negatividad ambiental y celestial mucho mejor. Mantenernos alejados de la invasión celestial negativa resulta en una conservación de la energía, y por lo tanto, la necesidad de reabastecer nuestro debilitado sistema inmune y energizar nuestras fuentes de energía desvitalizadas deja de ser una tarea cotidiana. De hecho, si la actividad de la mayoría de los habitantes de la Tierra fuera positiva, no habría zonas de peligro. Es sólo gracias a que los habitantes de la Tierra continúan en una dirección negativa lo que provoca que las zonas de peligro se manifiesten y evitan que los individuos negativos eludan la violencia y las disrupciones tan prevalentes en el mundo material.

Examinemos ahora algunas zonas de peligro que deben ser evitadas si queremos asegurarnos una vida de salud y bienestar.

"Y la mujer concibió y dio a luz un hijo. Viendo que era hermoso, lo escondió por tres meses". (*Éxodo* 2:2). Los tres meses mencionados aquí aluden a una implicación secreta. El *Zóhar* nos informa de que los meses lunares de *Tamuz*, *Av* y *Tevet* manifiestan un grado de influencia negativa cósmica inusual. El ocultamiento del bebé le brindó protección del duro y severo juicio que reina en el universo durante estos meses. (El *Zóhar*, *Shemot* 20:193). No es una coincidencia que estos tres meses hebreos estén vinculados con la destrucción del Templo Sagrado.

Tevet, el nombre del décimo mes del año lunar kabbalístico, con el signo zodiacal de Capricornio, está gobernado por el planeta Saturno. El décimo día de *Tevet* conmemora el inicio del asedio a Jerusalem por Nabucodonosor. (*Jeremías* 52:4). Este día ha sido proclamado como un día de ayuno de acuerdo a la Ley *Talmúdica*. (*Talmud Babilónico*, Tratado *Rosh Hashaná*, Pág. 18b).

Tamuz es el nombre del cuarto mes del año judío. Su signo zodiacal es Cáncer. El decimoséptimo día de *Tamuz* conmemora cinco calamidades que cayeron sobre la nación de Israel. Un ayuno comunitario fue decretado por los sabios del *Talmud* como en el día del rompimiento de los muros de Jerusalem por parte de Nabucodonosor (586 A.E.C.) y Tito (70 D.E.C.).

Cuatro calamidades adicionales ocurrieron en el decimoséptimo día de *Tamuz*: las tablas de la Ley fueron rotas por Moisés; la ofrenda diaria cesó en el Primer Templo; Apostomos quemó la Torá en el Santuario y erigió allí un ídolo. (*Talmud Babilónico*, Tratado *Taanit*, p. 6).

Av es el nombre del quinto mes en el año judío. El signo del zodíaco de este mes es Leo. Los días tradicionales en el mes de *Av* empiezan con el aniversario de la muerte del Sumo Sacerdote Aarón en el primer día de *Av*. (*Números* 33:38). El noveno día de *Av* conmemora la destrucción del Primer y el Segundo Templo. El Primer Templo, construido por el rey Salomón, fue destruido por el rey de Babilonia, Nabucodonosor, en el año 586 A.E.C., en el noveno día de *Av*. El Segundo Templo fue destruido por los romanos en el año 70 D.E.C., el noveno día de *Av*. El *Talmud*, en Tratado *Taanit* 4:6, también afirma que en el noveno día de *Av* se decretó que los hijos de Israel, después de su *Éxodo* de Egipto, no debían entrar a Israel. La expulsión de los judíos de España en 1492 se dice que ocurrió también en el noveno día de *Av*.

Las desgracias que tienen lugar durante estos tres meses son el resultado de fuerzas cósmicas negativas. Los obstáculos y las dificultades con las que muchos de nosotros nos encontramos llegan bajo la influencia de estos periodos de energía negativa. Por lo tanto, es prudente ser conocedor de las zonas de peligro y tener el cuidado de evitarlas.

Es erróneo pensar que Jerusalem se considera la Ciudad Santa simplemente porque el Templo Sagrado se encontraba allí. Jerusalem es la Ciudad Santa porque es un centro de energía inmensamente poderoso, y por lo tanto, como consecuencia natural, el Templo Sagrado fue construido allí. Sin embargo, uno no puede evitar la obvia conexión entre Jerusalem y el tipo de reacciones agitadas y explosivas que son un elemento demasiado habitual en Jerusalem y el área circundante.

Ciertos lugares y épocas hablan claramente de una fuerza subyacente responsable de un mundo de orden y belleza. Aun así, no podemos cerrar nuestros ojos al dolor, la violencia y el caos que hacen sentir tan cruelmente su presencia. El problema radica en los *Dinim* (Juicios/energía ingobernable).

Durante los meses de *Tamuz*, *Av* y *Tevet*, la energía de la Fuerza es tal que no hay revelación de la *Shejiná* (la vasija cósmica adecuada que asegura la manifestación y la estabilidad de la Fuerza). En estos meses, la intensidad dinámica de la Fuerza es tan severa que no hay vasija que sea capaz de manejar ni hacer contacto con la energía de la Fuerza, que por consiguiente se manifiesta como *Dinim* en el universo. (El *Zóhar*, *Shemot* 20:193).

La Fuerza podría compararse con la energía que entra en nuestras casas a través de los cables eléctricos. Controlada es de un inmenso valor, incontrolada puede ser destructiva y absolutamente peligrosa. Enciende una lámpara, por ejemplo, y recibirás una maravillosa bendición, pero mete tu dedo en un enchufe y la misma energía te proporcionará un horrible infortunio.

El Templo fue estructurado de forma tal que proporcionaba un canal para la energía suprema de la Fuerza y daba alimento, paz y prosperidad a todos los habitantes de la Tierra. El Arca de la Alianza era el instrumento a través del cual se atraía la Fuerza.

Los Israelitas entendieron que las fuerzas celestiales están gobernadas por la actividad del hombre. Por lo tanto, en lugar de ser peones en el esquema cósmico, como otros ancestros habían creído, los Israelitas entendieron que el hombre era el primer punto de contacto entre las fuerzas terrestres y las Fuerzas celestiales del dominio metafísico. Sólo cuando las Fuerzas están en equilibrio, los cielos declaran su majestuosidad e influencia.

Durante *Tamuz*, *Av* y *Tevet*, en la ausencia del Templo, la violencia y las amenazas a nuestro planeta no pueden ser detenidas. Dentro del marco de *Tamuz*, *Av* y *Tevet*, hay muy poco que la persona común pueda hacer para ejercer influencia sobre las fuerzas cósmicas. Sin embargo, tal y como ya he mencionado, ciertos individuos de una extraordinaria capacidad espiritual pueden canalizar estas fuerzas. Los kabbalistas tienen meditaciones específicas diseñadas para reducir la intensidad de la Fuerza durante estos meses, y por lo tanto hacerlos beneficiosos. Después de realizar estas meditaciones, la *Shejiná* transforma el poder inmenso de la Fuerza, permitiendo así que el kabbalista actúe hasta en un ambiente de violencia y caos.

La Fuerza debe pasar por una reducción para funcionar como un circuito viable de energía aquí en la Tierra. Variaciones en la energía revelada de la Fuerza ejercen influencia sobre el inicio de nuevos emprendimientos, puesto que la vida de un nuevo emprendimiento y su éxito potencial dependen de la capacidad de la Fuerza para hacerse manifiesta. Durante *Tamuz*, *Av* y *Tevet*, la fuerza está en un estado de Katnut, un nivel reducido de actividad, de ahí el aumento de probabilidades de que un nuevo emprendimiento tenga un resultado negativo.

Nos movemos ahora a otro acontecimiento cósmico que se manifestó hace unos 3.200 años en el tiempo del *Éxodo* y no, como podría esperarse, en el "principio", hace unos 5.700 años. La maestría egipcia del poder de la influencia maligna volvió al pueblo de Israel incapaz, por sí mismo, de vencer la energía-inteligencia negativa que los había mantenido, a ellos y al mundo entero, esclavizados.

La diferencia en la estructura espiritual entre los egipcios y los otros pueblos de la Tierra antes del *Éxodo* era tan mínima que hace que cualquier distinción entre éstos sea indefinible. Sólo a través de la intervención de la Fuerza era posible el *Éxodo* de la humanidad de la esclavización espiritual. Fue una enorme concentración y una intensa fusión de la energía positiva que emanaba de la Fuerza lo que permitió a los hebreos vencer el poder de los amos que los esclavizaban.

La naturaleza dual del proceso creativo engloba las dos polaridades del deseo: el *Deseo de Recibir con el propósito de compartir* y el *Deseo de Recibir Sólo para Uno Mismo*. Sin la posibilidad de escoger entre estos dos aspectos no podría haber libre albedrío. El *Deseo de Recibir Sólo para Uno Mismo*, que encarnaba la conciencia de los maestros egipcios, es necesario dentro del proceso creativo. Si la oportunidad de hacer el mal no estuviera presente, la capacidad del individuo de elegir el camino de la rectitud, lo cual es ciertamente todo el Propósito de la Creación, estaría coartado. Por lo tanto, la eliminación del *Pan de la Vergüenza* permanecería eternamente sin resolver y el *Tsimtsum*, la restricción original, habría sido en vano.

Los acontecimientos que ocurrieron previamente y durante la noche del decimoquinto día de *Nisán* representaban una infusión temporal de la energía de libertad y *éxodo*. ¡Libertad! ¡*Éxodo*! Éstos fueron alcanzados no a través de los esfuerzos humanos, sino más bien mediante la gracia del Señor. En el día posterior, el decimosexto día de *Nisán*, la energía-inteligencia completa de la Fuerza revirtió a su estado previo como energía no revelada, recreando así el vacío cósmico.

Por lo tanto, el periodo desde el decimosexto día de *Nisán* al sexto día del mes de *Siván* permaneció en un estado de energía reducida, en el cual el cosmos estaba dominado por un estado negativo de conciencia. En hebreo esto recibe el nombre codificado de *Katnut*. (*Escritos del Arí, Fruto del Árbol de la Vida*, Vol. 17, Pág. 519).

A través del método de la meditación de *Sefirat Ómer* (El Conteo del *Ómer* durante 49 días), las *Sefirot* son empleadas para restaurar gradualmente la Fuerza a su estado manifestado. Aunque el kabbalista nos proporciona el equipo de apoyo necesario para disminuir los efectos de la reducción de la energía-inteligencia cósmica, estos periodos de energías reducidas tendrán un efecto perjudicial sobre los nuevos emprendimientos.

Este periodo comienza el decimosexto día de mes lunar de *Nisán* (Aries) y continua hasta el sexto día de mes lunar de *Siván* (Géminis). Estas fechas variarán en el calendario Gregoriano del 24 de marzo al 4 de junio. Uno debe tener un calendario lunar y observar las fechas que van desde el decimosexto día de mes lunar de Aries al quinto día del mes lunar de Géminis como días en los que debe evitarse emprender nuevos proyectos.

Debe saberse que el mes hebreo de *Siván* está gobernado por el signo astral de Géminis.

Las raíces de las mayores desgracias pueden ser rastreadas a las zonas cósmicas de peligro. Armados con el conocimiento de estas zonas, podemos trascender el reino del azar, la suerte, la indeterminación y traer orden, plenitud y una tranquilidad suprema a nuestra vida.

14. EL PELIGRO DEL ESCORPIÓN

¿Por qué se considera Escorpio

el signo "amargo" del Zodíaco?

Nuestra zona de peligro cósmico final es el mes lunar de Escorpio o su equivalente hebreo, *Jeshván*, el octavo mes del año lunar. El nombre aparece en El *Libro de la Formación* y en ramas posteriores de la literatura rabínica, pero no aparece en ningún lugar de la Biblia misma. Curiosamente, el Patriarca Abraham, en El *Libro de la Formación*, añade el prefijo *"Mar"* (amargo) a la palabra *Jeshván*, convirtiéndola en *Mar Jeshván*.

Se han sugerido muchas teorías sobre por qué *Jeshván* pudo haber sido descrito así. Resulta algo misterioso, también, que mientras *Mar Jeshván* es una marca del infortunio, el caos y el desorden, este mes no fuera incluido entre los tres meses negativos mencionados previamente por el *Zóhar*.

La más temprana aparición de *Mar Jeshván* se extiende desde el 6 de octubre hasta al 4 de noviembre, y la más tardía va del 4 de noviembre al 3 de diciembre. Algunos días históricos registrados en *Mar Jeshván* son el día en el que el rey Sedequías es dejado ciego por órdenes de Nabucodonosor *(Reyes II* 25:7) y la muerte de Rajel, la esposa de Yaakov el Patriarca, en el undécimo día. *(Génesis* 35:18-19). *Mar Jeshván* tiene la característica de ser el único mes en el que no tiene lugar ningún acontecimiento de energía cósmica (día sagrado).

Entre los días históricos que tuvieron lugar en *Mar Jeshván*, el decimoséptimo día destaca significativamente entre los demás. Pues, en la época de Noé, este es el día en el que comenzó el diluvio que ocasionó la destrucción de toda la humanidad, junto con los reinos animal y vegetal. (*Génesis* 7:22-24).

Siguiendo el principio kabbalístico que dice los acontecimientos que se manifiestan físicamente son el resultado de la influencia cósmica, estos acontecimientos que acabamos de listar, aunque son relevantes, no pueden ser considerados como la causa por la cual Abraham decidió añadir el prefijo de "*Mar*" (amargo) al mes de *Jeshván*. Por lo tanto, exploremos ahora el determinante cósmico que llevó a considerar a Escorpio el mes amargo del Zodíaco.

Un buen punto de partida en nuestra investigación es el Libro del *Génesis*, donde descubrimos que de las doce tribus de Israel, Escorpio está representado por Dan (El *Libro de la Formación*, Rav Abraham Ben David –el Rabad–, Pág. 9), el hijo de Yaakov a través de Bilá. Cuando Dan nació, Rajel gritó: "El Señor me juzgó, y también oyó mi voz, y me ha dado un hijo". Por lo tanto, le puso el nombre de Dan. (*Génesis* 30:4-6).

Aquellos lectores que están familiarizados con los textos bíblicos pueden cuestionar la selección de Dan como el dominio celestial del mes zodiacal de Escorpio. Un estudio del texto debería señalar a la tribu de Gad como la influencia-canal sobre Escorpio, puesto que Gad era el octavo hijo de los doce que tuvo Yaakov, y Escorpio es el octavo signo del zodíaco que empieza con el signo de Aries.

Ciertamente, el árbol familiar de Yaakov ha llevado a muchos astrólogos a asociar a Gad con Escorpio en su determinación de los rasgos positivos y negativos de Escorpio.

Y sin embargo, el Rabad escoge a Dan para caracterizar los rasgos de Escorpio. Esta es una indicación más de que la Biblia no es meramente la raíz de una religión, sino más bien un código cósmico. El Rabad advierte contra las interpretaciones de los antiguos textos esotéricos, y es especialmente cuidadoso cuando interpreta los escritos bíblicos.

Según la visión del *Zóhar*, los cuentos y las parábolas de la Torá son reflejos simbólicos del reino interior metafísico a través de los cuales uno puede percibir los misterios divinos del universo. Rav Shimón Bar Yojái amonesta a aquellos que toman estos simples relatos como si únicamente estuvieran relacionados con incidentes en las vidas de ciertos individuos o naciones. Éstos se relacionan con la vida interna de cada persona en la Tierra.

Esto no pretende sugerir que una interpretación literal de la Biblia no puede ofrecer una buena lectura, sí lo hace. Y, efectivamente, no puede negarse que la Biblia proporciona un registro de la historia muy valioso. La razón por la cual el kabbalista investiga más allá de la superficie de la interpretación bíblica es el resultado de una convicción inquebrantable de que el verdadero significado de la Biblia, como la Luz misma, debe permanecer oculto. Sólo un necio juzga a un hombre por su vestimenta; o tiene en cuenta sólo la vestimenta exterior de la Biblia. (El *Zóhar*, *Behaalotjá* 12:58-64).

Por consiguiente, para el kabbalista, la relación superficial entre la tribu de Gad como el octavo hijo y Escorpio como el octavo signo del Zodíaco no revela la esencia del significado astrológico relativo a Escorpio. Para el Rabad, bendecido por el conocimiento de la Kabbalah, se entiende que Escorpio está vinculado con la tribu de Dan.

Regresemos entonces a nuestra investigación de *Mar* (amargo) *Jeshván* (Escorpio) y, lo que es más importante, las implicaciones metafísicas más profundas de Dan, de quien Escorpio se considera su imagen refleja. Cuando nació Dan, Rajel gritó: "Y el Señor me juzgó". Esto es una alusión al enorme poder inherente en este signo, así como el principio del juicio.

La Biblia dice: "Los que acampen al oriente, hacia la salida del sol, serán los de la bandera del campamento de Judá..." (*Números* 2:3) y "...Al norte estará la bandera del campamento de Dan". (*Números* 2:25).

Estos versos, si se leen superficialmente, son incomprensibles para el estudiante de la Biblia. Sin embargo, toda esta sección de *Números* contiene para el kabbalista la esencia misma de la verdadera astrología y la información necesaria para el logro de la conciencia espiritual y la mejora de la salud y el bienestar.

La pregunta que plantea el *Zóhar* es: ¿por qué está la bandera de la tribu de Dan posicionada en el lado norte de la estación de seguimiento de la energía del Arca? ¿Y cuál era el significado y la implicación del viaje del Arca?

La palabra codificada "viaje" indica la presencia de un estado manifestado de la Fuerza. Las escrituras afirman: "... y el arca del pacto del Señor iba delante de ellos por

los tres días, buscándoles un lugar dónde descansar".
(Números 10:33). Aquí, un lugar donde descansar
significa la unificación entre Zeir Anpín (la Fuerza) y
Maljut (el receptor). Sin embargo, para preparar Maljut
para la unificación (circuito), el Arca viajó "tres días", lo
cual es un mensaje codificado que se refiere al
establecimiento del sistema de tres columnas. (El Zóhar,
Pekudei 4:27).

Esta fue el Arca que fue llevada por los levitas durante su deambulación por el desierto del Sinaí. Cuando la Fuerza se volvió manifiesta por el sistema de las tres columnas, el Arca contenía energía vital para la conquista de Israel de la Tierra Santa.

La primera en empezar el viaje fue la bandera de Judá
(Números 10:14) desde el este, guiada por la fuerza
Sefirótica de la Columna Central, Tiféret, correspondiente
al campamento extraterrestre de Uriel; ésta fue seguida
de la bandera del campamento de Rubén, (Números
10:18) correspondiente al campamento extraterrestre de
Mijael en el lado sur, bajo la influencia de la fuerza
Sefirótica de la Columna Derecha de Jésed, que simboliza
el significado codificado del sureste del altar del
Tabernáculo. (Éxodo 27:9). El rociado de la sangre sobre
el altar empezó primero en la esquina del sureste del altar.
Luego llegó al campamento de Efraín, en el oeste,
correspondiente al campamento extraterrestre de Rafael,
(Números 10:22) y finalmente la bandera de Dan, en el
norte, guiada por la fuerza Sefirótica de la Columna
Izquierda (juicio), correspondiente al campamento
extraterrestre de Gabriel. (Números 10:25). El rociado de

sangre en el altar también se hizo en la esquina del noroeste. El todo fue vinculado y unificado en el Nombre Divino del Tetragrámaton, que es tanto el punto de inicio como el de consumación de la realidad omnímoda, la Fuerza. Por lo tanto, Efraín (Maljut) siguió a Rubén para unirse con Jésed, y luego Maljut se hizo manifiesto con los otros dos, Derecha y Central, y luego combinó y recibió la Fuerza, la Luz de la Sabiduría. (El Zóhar, Bamidbar 3:31).

Lo que se desprende del fragmento precedente del *Zóhar* es la relevancia del asombroso poder de Dan como canal para la Fuerza. Por lo tanto, Rajel gritó: "El Señor me ha juzgado, y también oyó mi voz", lo cual indica la fuerza *Sefirótica* de *Guevurá* (Juicio), el canal de la Fuerza que se hizo manifiesto, indicado por la exclamación de Rajel de la frase: "oyó mi voz".

El lector puede ahora encontrar aun más desconcertante la definición de "amargo" que Abraham asoció con el mes de *Jeshván*. De hecho, uno podría esperar que *Jeshván* fuera una fuerza de energía-inteligencia poderosa, precisamente porque la súper fuerza extraterrestre de Gabriel está motivada y manifestada por la presencia del inmensamente poderoso canal de Dan.

Sin embargo, el *Zóhar*, refiriéndose a la frase codificada "tres días de viaje", señala que el establecimiento de la Fuerza depende de la actuación de los "tres días", o las tres otras energías-inteligencias, que son: este, sur y oeste. Si no se cumple esta condición, entonces somos vulnerables, durante el dominio de la constelación de Escorpio, al caos y el desorden, puesto que el Nombre Divino del Tetragrámaton se hace manifiesto sin las dimensiones apropiadas de apoyo de la vasija. Este es poder asombroso que corre desbocado, sin la intervención de un sistema controlado de equilibrio de poderes.

Consecuentemente, Jeshván es Mar (amargo) מר, pero no necesariamente destructivo. La palabra hebrea para Mar está formada por dos letras del alfabeto hebreo: Mem מ y Resh ר. Sin embargo, cuando colocamos la Resh antes de la Mem, surge otra palabra: Ram רם, que significa "alto" o "elevado". Y aquí yace el misterio de la esencia fundamental de Escorpio, un signo de enorme poder que puede ser utilizado positiva o negativamente.

Esta idea ya ha sido revelada por la interpretación Zohárica de otra sección codificada de la Biblia, las bendiciones de Yaakov el Patriarca sobre sus doce hijos, los doce signos del Zodíaco. (Génesis, Capítulo 49).

> "Dan juzgará a su pueblo, como una de las tribus de Israel. Sea Dan serpiente en el camino, víbora con cachos junto al sendero, que muerde los talones del caballo, para que su jinete caiga hacia atrás. ¡Tu salvación espero, oh Señor!". (Génesis 49:16-19).

En el Zóhar, Rav Jiya sostenía que el verso debía decir: "Dan juzgará a las tribus de Israel" o "Dan juzgará a las tribus de Israel como una sola". ¿Cuál es el significado de "Dan juzgará a su pueblo?". La explicación es la siguiente: Dan era el guardián de la retaguardia de los campamentos. (Números 10:25). Por lo tanto, Dan juzgaría a su pueblo, las tribus de Israel, como una sola, esto es, como la Fuerza Única, Omnímoda y Completa. Esto fue realizado en Sansón, (Jueces 13:24) quien ocasionó personalmente el juicio sobre el mundo, y ambos fueron juzgados y ejecutados sin la ayuda de un consejero.

Por lo tanto, Dan se compara a veces con una serpiente que yace a la espera. Dan es visto bajo esta luz debido a las palabras: "que muerde los talones del caballo", para proteger a todos los otros campamentos. Dan es la serpiente que yace a la espera en el camino y hace retroceder a aquellos que vienen del lado malvado.

> "Rav Elazar dijo que la serpiente era una de las ayudas del Trono, porque en el trono de Salomón había una serpiente en el cetro sobre los leones. Por lo tanto, Yaakov rezó, diciendo: 'He esperado por tu salvación, Señor'. Yaakov mencionó la salvación de Dan por el Señor porque vio aquí el poder de la serpiente poniendo el juicio en movimiento". (El Zóhar, Vayejí 695-712).

Lo que parece desprenderse del texto Bíblico y su interpretación Zohárica es el concepto de juicio y su posición dentro del cosmos como el protector del universo. Con Dan elegido como el canal fundamental para el estado manifestado de la Fuerza, el concepto de "juicio severo" era una consecuencia natural de su carácter intrínseco.

Guevurá representa el juicio, no en el sentido de castigo que habitualmente entendemos, sino en el sentido de las repercusiones inevitables de dar rienda suelta al Deseo de Recibir sin eliminar primero el aspecto del Pan de la Vergüenza. La Fuerza sólo tiene un deseo, y es compartir continuamente su infinita beneficencia. Cuando el Deseo de Recibir se despierta en cualquier miembro de la raza humana, ese deseo es experimentado por la Fuerza, y su realización es inmediata. Por lo tanto, la idea del juicio severo puede ser comparada con un niño impulsivo metiendo su dedo en el enchufe. El shock resultante no sugiere ninguna forma de castigo o juicio externo. Igual que la fuerza de la corriente eléctrica requiere de una vasija apropiada, también la Fuerza, para ser contenida y canalizada adecuadamente, requiere de una vasija adaptable a las condiciones que deben cumplirse eliminando el *Pan de la Vergüenza*.

La vasija —es decir, nosotros—, debe estar plenamente preparada y afinada para manejar la energía de la Fuerza. Esta preparación implica una inclusión total del circuito, lo cual es posible gracias al establecimiento y la manifestación de los tres estados de la conciencia mencionados en el *Zóhar*. Consecuentemente, si la humanidad se encuentra constantemente en plena crisis, el problema no es de la Fuerza, sino más bien de las acciones del hombre.

"Mordiendo los talones de los caballos" era una consecuencia terrible para aquellos que no estaban preparados para canalizar la beneficencia de la Fuerza, nada menos que nuestra incapacidad para aceptar la corriente directa de la electricidad.

Escorpio es un signo velado por el misterio. Como todas las formas de energía, permanece en un estado de animación suspendida, esperando el momento oportuno para la revelación. Su presencia está oculta hasta que una vasija revela la fuente de energía. De la misma forma que cuando se rompe un minúsculo átomo éste libera una energía concentrada que puede ser utilizada para el bien o para el mal, la energía de Dan y Escorpio, dependiendo del conductor humano, puede ser canalizada hacia propósitos positivos o convertirse en un instrumento de destrucción.

Escorpio es un signo muy gobernado por extremos, y manifiesta su polaridad con una intensidad que no es igualada por ningún otro signo. Por lo tanto, debemos tener la precaución de no empezar un nuevo proyecto durante el mes lunar de *Jeshván*, ya que uno debe elegir entre las posibilidades de polaridades extremas. El resultado de tal emprendimiento puede manifestarse como *Mar* (amargo) o *Ram* (prometedor) y trascender, siendo exitoso más allá de nuestras más altas expectativas o hundiéndose en la ciénaga del olvido.

Es importante que adquiramos un conocimiento tan profundo de las ideas centrales de la astrología como sea posible para fortalecer nuestro vínculo con el cosmos. El conocimiento es la conexión. La importancia del momento en el tiempo se extiende más allá del aspecto puramente físico de la existencia. Leemos en *Eclesiastés* 3:1: "Hay un tiempo señalado para todo...". Esto implica que debemos ejercer nuestra libertad de elección para descubrir el tiempo más adecuado para nuestros propósitos.

Cualquier nuevo comienzo depende de que sea el momento adecuado. Se considera que un bebé nace cuando toma aire por primera vez. En ese preciso momento, todo el cosmos, infundido con un ritmo universal certero, actúa y nos proporciona una canalización orquestada de toda una variedad de influencias cósmicas. En el instante del nacimiento, todas las energías-inteligencias que prevalecen se introducen en el niño a través de su primera toma de aire. Esta inspiración marca el inicio del destino independiente y particular del niño, fuera de la matriz de su madre. Las condiciones celestiales en ese preciso momento en el tiempo marcan el tono de todo lo que sucede a continuación.

No sólo debemos saber cuándo reina la energía potencialmente perjudicial del cosmos, sino que también debemos conocer los momentos en los que la estructura del universo metafísico es tal que podemos y debemos acercarnos a las energías-inteligencias positivas del cosmos y conectarnos con su asombroso poder.

Escorpio es un signo de agua, una personificación de la Columna Izquierda o energía negativa. El carácter interno del agua es positivo, de compartir y de una gran entrega. Por lo tanto, cada uno de los signos de agua —Escorpio, Piscis y Cáncer— funciona y se expresa dentro del marco del agua y su característica intrínseca de positividad.

¿Por qué entonces los kabbalistas establecen que Escorpio es un signo de agua negativo? Esta idea parece ir en contra de la idea esencial de la inteligencia del agua, que se expresa de una forma positiva. El agua busca su propio nivel. ¿Por qué? Porque la energía-inteligencia del agua es de compartir o de extensión. El aspecto negativo del agua tiene que ver con demasiada expansión, demasiada extensión, con compartir demasiado. Un excedente de agua resulta en una inundación. Si un padre o una madre comparten demasiado están malcriando a su hijo. Un negocio que se expande demasiado rápido es probable que acabe fracasando. A esto se debe la denominación negativa de Escorpio.

La Luz de *Jasadim* (Misericordia) es un código contenido dentro del léxico kabbalístico. La Fuerza, también referida por su nombre codificado, Luz de la Sabiduría, debe estar incluida y oculta dentro de la Luz de *Jasadim* para que pueda revelarse. La paradoja de la revelación o manifestación de la Fuerza (energía) yace precisamente en la capacidad de la vasija o *Jasadim* para ocultar la energía.

Considera los polos positivo y negativo de una bombilla de luz, que unidos proporcionan la revelación y la manifestación de la electricidad. En efecto, éstas son dos fuerzas opuestas que juntas proporcionan una expresión unificada del todo omnímodo, la Fuerza. ¿Por qué debe haber un polo positivo en la bombilla de luz, cuando en realidad es el polo negativo el que atrae la corriente? Porque el polo positivo proporciona el escenario adecuado para que la Fuerza se exprese físicamente. El polo positivo, con su intrínseca Luz de *Jasadim*, aporta la energía que permite la expansión y la extensión.

La Luz de *Jasadim*, la vasija positiva, hace manifiesta a la Luz, mientras que el polo negativo atrae la corriente hacia el receptáculo. Es el polo positivo, con su Luz de *Jasadim*, el que proporciona la expresión resplandeciente de la bombilla de luz cuando la atrae a través de la columna central o restricción del filamento. Cuando toda la humanidad manifiesta todo el *Jasadim* cósmico en *Sucot*, la festividad de la cosecha de ocho días que empieza en la noche del decimoquinto día de *Tishrei* (Libra), el flujo y la manifestación de la Fuerza para proporcionar la fuerza de vida a todos los habitantes de la Tierra es equivalente a una presa que de repente abre sus compuertas. Las aguas que irrumpen podrían, si no se canalizan adecuadamente, traer inundaciones y caos.

Por consiguiente, el signo del Zodíaco de Escorpio nos pone en un dilema. *Jasadim*, representada por el agua, extiende la fuerza de vida a todos los habitantes de la Tierra. Sin embargo, la fuerza cósmica de la liberación repentina de energía de *Jasadim* es también responsable de gran parte del comportamiento negativo.

Así pues, sólo se recomienda a aquellos con una gran capacidad de restricción que contemplen el inicio de nuevos proyectos durante el mes de Escorpio. Para esas pocas almas espiritualmente poderosas, empezar un nuevo proyecto durante el octavo mes, *Jeshván*, es apropiado y ciertamente ventajoso. Sin embargo, aquellos que carecen de una gran capacidad para la restricción, es decir aquellos que están motivados únicamente por el *Deseo de Recibir Sólo para Uno Mismo*, serán incapaces de controlar la energía de *Jasadim* y por lo tanto se les aconseja que no inicien nuevos proyectos en este periodo.

CUARTA PARTE

EL AMABLE
COSMOS

15. EL HOMBRE Y SU UNIVERSO

¿Cuál es el papel del hombre

y su responsabilidad en

el esquema universal?

Los científicos nos dicen que nuestros descendientes ya no disfrutarán de la luz del Sol en un universo cada vez más oscuro y glacial. Nuestro mundo será enviado en espiral hacia los helados confines del espacio. Los océanos se congelarán y el aire que respiramos se condensará como la escarcha. La raza humana morirá junto con el resto de vida en la Tierra.

Esta alarmante visión del futuro es suficiente para asustar a cualquiera, pero permítanme asegurar al lector que los científicos no se están refiriendo a la vida en el futuro inmediato. En realidad, predicen estas circunstancias extremas en un tiempo que llegará en un trillón de años aproximadamente.

Supongo que ahora podemos respirar con un poco más de calma sabiendo que nos han concedido un nuevo plazo de vida. Al menos nosotros y nuestros hijos no tendremos que enfrentarnos a un mañana tan sombrío y deprimente.

El aspecto más perturbador del mundo moderno es la gravedad de sus problemas. Me inclino a creer que permaneceremos al borde de la catástrofe. Incluso los líderes de los gobiernos, los políticos, los científicos y otros en quienes nos hemos vuelto tan dependientes para solucionar nuestros problemas, se han dado por vencidos al enfrentarse a los problemas en el presente y los que se vienen a futuro.

Mientras la historia muestra que otras civilizaciones han experimentado días oscuros y han logrado recuperarse, creo que la mayoría de aspectos de los problemas actuales del mundo son cualitativamente distintos de aquellos del pasado. Se han esparcido agentes dañinos sobre la mayor parte de la faz de la Tierra. La lluvia ácida ha destruido nuestros bosques.

Las innovaciones tecnológicas avanzadas han traído muchos problemas inesperados como la eliminación de los desechos nucleares, el uso generalizado de pesticidas para aumentar la provisión de comida para el mundo, y la polución de nuestros arroyos y ríos. Los peligrosos niveles de contaminación en nuestros peces, nuestro suministro de agua y el aire que respiramos han alcanzado y tocado cada aspecto de nuestras vidas cotidianas, las playas están llenas de ofensivos montones de basura de hospital, jeringas usadas, cordones umbilicales en descomposición, órganos enfermos, compresas con sangre y tubos intravenosos que amenazan nuestra salud. Todo aquel que nade en unas aguas tan contaminadas debería tener miedo de contraer una enfermedad. Por primera vez, el hombre se enfrenta a un dilema que puede destruir todo nuestro medio ambiente.

Durante cerca de tres siglos, la lucha por investigar la naturaleza de la existencia y resolver las aparentes paradojas y problemas de la vida, ha sido considerada como el dominio exclusivo de los especialistas. Preguntas sobre "el cómo y el por qué" de las cosas han quedado relegadas a los científicos, los físicos, los abogados, los ingenieros y los analistas.

Uno puede argumentar que esta es, después de todo, la era de la especialización. Con tanto conocimiento en el mundo y tanta información, ¿cómo puede el "hombre común" competir con los expertos, quienes tienen carreras universitarias, generosas subvenciones y computadoras de alta capacidad? El ciudadano ordinario y no especializado debe arreglárselas con un equipos aparentemente obsoletos, la razón, la intuición y un instinto básico.

¿Podría ser que los expertos, en quienes hemos puesto nuestra fe y confianza absolutas, han estado, en ciertos aspectos, actuando bajo una mera ilusión? La hostilidad y el desacuerdo continuos entre los rangos de los especialistas, autoridades y acérrimos defensores del llamado aprendizaje elevado deben recorrer un largo camino para proporcionar evidencia en favor de este punto de vista.

Hoy en día, como quizás ningún otro momento de la historia, estamos renunciando a un privilegio de inspiración divina. Mientras la ciencia explora los vastos confines del espacio e incluso la privacidad hasta de las partículas subatómicas más pequeñas, el imperativo innato individual de investigar las profundidades de la experiencia mística va a la deriva como un barco fantasma en un mar oscuro. El barco es la psique humana encarcelada, esclavizada por un dios agonizante: el progreso. El mar es el océano de la ilusión que confundimos con la realidad en este mundo moderno de alta tecnología.

El *Zóhar* predice que todos los habitantes del planeta Tierra entenderán algún día los profundos misterios de nuestro cosmos y los muchos problemas a los que se enfrenta la humanidad. El hombre ya no se verá forzado a doblegarse ante la sabiduría de los expertos, los científicos y las autoridades que viven en una atmósfera intelectual rarificada, más allá del alcance de las grandes masas. En ese bendito día, en lo que se conoce como la Era de Acuario, el individuo retomará el control de su sentido de asombro y curiosidad, y así armado, recuperará un conocimiento exhaustivo de la naturaleza exacta del universo y del lugar de cada persona en éste.

Aquí, el *Zóhar* revela la interacción dinámica y la interconexión de nuestro universo y la relación del hombre con éste:

> *"Pues no hay un miembro en el cuerpo humano que no tenga su contraparte en el mundo como un todo. Pues igual que el cuerpo del hombre consiste en miembros y partes de varios rangos, actuando y reaccionando todos los unos sobre los otros para formar un organismo, también el mundo en totalidad consiste en una jerarquía de cosas creadas, las cuales cuando actúan y reaccionan adecuadamente entre ellas forman un cuerpo orgánico".*
> *(El Zóhar, Toldot 1:3).*

El fragmento anterior del *Zóhar* enfatiza la conexión íntima entre el hombre y el cosmos, la interacción constante consciente e inconsciente entre el reino celestial y nuestro reino mundano.

Según la visión del *Zóhar*, el cuerpo humano es un reflejo del vasto cosmos. Los órganos y los miembros humanos reflejan la dinámica de un baile interestelar que está siempre presente en nuestro universo.

El *Zóhar* abunda en referencias al papel del hombre en alcanzar un dominio de su destino. La siguiente declaración *Mishnaica* es totalmente distinta al *Zóhar*, que afirma que todo aquel que hace uso del código cósmico —la Biblia— está respaldando al mundo y permite que cada parte lleva a cabo su función:

> *"Debes saber de dónde vienes: de una gota decadente; adónde vas: a un lugar de polvo, gusanos y larvas". (Avot 3:1).*

¡Efectivamente, polvo, gusanos y larvas! Tal como lo retrata el *Zóhar*, el hombre es una entidad espiritual cuyo destino está determinado por la naturaleza de sus pensamientos y sus acciones. En lugar de una adherencia rígida a una doctrina dogmática, la Kabbalah coloca la religión en el contexto de la experiencia espiritual. El cuerpo físico del hombre no debe ser tratado como si fuera únicamente carne y hueso; el aspecto infinito, el alma eterna, debe también ser considerada.

Génesis 1: 26-31 declara que el hombre fue creado el Sexto Día del proceso creativo del Señor. "¿Por qué", pregunta el *Zóhar*, se guardó para el final la creación del hombre?". Porque él es la culminación de todo lo que le precede. Además de ser un mero participante en el esquema cósmico, según el *Zóhar*, al hombre se le otorgó el rol de "determinante" de la actividad universal y galáctica.

Uno de los elementos clave en la visión *Zohárica* del mundo, podría decirse que la esencia de ésta, es la idea de ayudar a la humanidad hacia una conciencia de la unidad y la interconexión mutua de todos los aspectos y acontecimientos, con el fin de alcanzar un estado de conciencia en el cual todo se percibe como inseparable de la unidad cósmica única y omnipresente. Percibir conscientemente y aceptar la unión de todas las numerosas manifestaciones del universo es experimentar la realidad más elevada.

Las exploraciones en el mundo subatómico en el siglo veinte han ayudado a revelar la interacción dinámica dentro de la unidad cósmica. Desde la perspectiva kabbalística, la importancia fundamental de estos nuevos descubrimientos científicos es que proporcionan un marco para alcanzar estados alterados de conciencia a través de los cuales todas las manifestaciones separadas se experimentan como componentes de un continuo vasto, íntimo e integrado. La Kabbalah proporciona el aparato mental y emocional necesario para alcanzar una conciencia elevada de la interconexión entre el pasado, el presente y el futuro, el espacio, el tiempo y el movimiento.

El gran Kabbalista Rav Jiya, hablando sobre el versículo: "Han aparecido las flores en la tierra; ha llegado el tiempo de podar las vides, y se oye la voz de la tórtola en nuestra tierra", (Cantar de los Cantares 2:12) dijo que cuando el Señor creó el universo, le otorgó a la Tierra la energía potencial que ésta requería, pero la misma no brotó hasta que apareció el hombre. No fue hasta la creación del hombre que todos los productos que estaban latentes en la Tierra brotaron por encima de la superficie. De la misma forma, los Cielos no impartieron fuerza a la Tierra hasta que apareció el hombre. Pues, tal como nos dice la Biblia, "Aún no había ningún arbusto del campo en la tierra, ni había aún brotado ninguna planta del campo, porque el Señor Dios no había enviado lluvia sobre la tierra, pues no había hombre para labrar la tierra". (Génesis 2:5).

Todos los productos de la Tierra permanecieron ocultos en sus profundidades más internas; los Cielos se frenaron de verter agua sobre la Tierra, porque el hombre todavía no había sido creado. Cuando el hombre apareció las flores brotaron, en otras palabras, todos los poderes latentes de la tierra se revelaron. "El tiempo de cantar había llegado". (El *Zóhar, Bereshit B* 9:31).

La idea es que las actividades internas del hombre pueden determinar los acontecimientos externos; efectivamente, que los pensamientos del hombre influyen y son inseparables del mundo externo es un tema entretejido en todas las secciones del *Zóhar*. Un elemento clave de la visión *Zohárica* del mundo es la idea de que el hombre es el dueño de su destino. Una visión similar se expresa en la Biblia:

"Llamo al Cielo y a la Tierra para testificar contra ustedes este día que he puesto ante ustedes la vida y la muerte, la bendición y la maldición; por tanto, escoge la vida, para que vivas, tú y tu descendencia". (Deuteronomio 30:19).

Aquí la Biblia promete que si el individuo elige la vida en vez de la muerte, se asegura el control sobre su destino. La Biblia enfatiza la interacción fundamental entre la creación del mundo, su historia, y la creación y el desarrollo del hombre. La idea de la interconexión es central a la hora de establecer un nexo conceptual entre la creación del mundo y su futura perfección, que será ocasionada por los esfuerzos del hombre. (Escritos del Arí, *Puerta de Artículos de Rav Shimón bar Yojái* Vol. 7, Pág. 7).

Algunos comentaristas del *Zóhar*, así como su autor, muestran preocupación por la frase: "Llamo al Cielo y a la Tierra para testificar contra ustedes este día". "¿Por qué", cuestiona el *Zóhar*, "es necesario que el Señor mantenga al Cielo y la Tierra como testigos contra el pueblo? ¿Por qué es necesario atestiguar la actividad positiva o negativa del hombre, cuando el Señor lo conoce todo?".

El lector se encuentra con más confusión en el discurso de Rav Elazar, en el siguiente texto:

> *"Eleven a lo alto sus ojos y vean;¿Mi (quién) ha creado estas cosas?". (Isaías 40:26). Eleven los ojos y vean, ¿hacia qué lugar? Hacia ese lugar adonde todos los ojos ven, para atestiguar, aquello que abre los ojos. Pues al hacerlo "conoceremos a El Antiguo misterioso, cuya esencia puede ser buscada, pero no encontrada". (El Zóhar, Prólogo 3:7).*

Para el lector del *Zóhar*, si sus enseñanzas en general le parecen ininteligibles, este pasaje es totalmente confuso. Se nos dice que elevemos nuestros ojos para buscar la esencia de la misteriosa Fuerza que todo lo abarca, para luego decirnos que esa esencia no puede encontrarse.

Mi (quién), la palabra hebrea mencionada en Isaías, es un código para la extremidad del Cielo que está más allá del alcance de la indagación humana. Aunque debemos siempre buscar la Fuerza, su esencia está más allá de nuestra comprensión. Sin embargo, hay una extremidad inferior que se conoce con el nombre codificado de *Ma* (qué). La diferencia entre ambas es esta: aunque *Mi* es el sujeto real de la búsqueda, después de que una persona, a través de la indagación y la reflexión, ha alcanzado el límite de conocimiento, se detiene en *Ma* (qué), como si se preguntase: ¿qué sé? ¿Qué ha logrado mi búsqueda? En este momento, todo es tan incomprensible como lo era al principio.

> *Las recompensas de tal investigación son aludidas en el verso en donde está escrito: "¿Qué (Ma) he de llevar para que testifique por ti, o a qué (Ma) será semejante a ti? (Lamentaciones 2:13). Porque cuando el Templo Sagrado fue destruido, surgió una voz que dijo: "¿Qué (Ma) he de llevar para testificar por ti, y qué será semejante a ti?". Esto significa que la palabra "Ma" (que es una combinación de las letras Mem y Hei) será tu testigo todos y cada uno de los días desde los Días Antiguos. Tal como está escrito: "Llamo al Cielo y a la Tierra para testificar este día" (Deuteronomio 30:19). "¿Qué será semejante a ti?". En el mismo grado de importancia, en el cual "qué" sirve como el Testigo Eterno, "Te coroné con Coronas Sagradas y te hice gobernante sobre la Tierra". (El Zóhar, Prólogo 3:9).*

Lo que se desprende del fragmento anterior del *Zóhar* es el concepto de testigo como código para infundir la Fuerza y el gobierno en la humanidad.

Mientras los misterios que rodean a la Fuerza omnímoda siguen estando más allá de nuestra comprensión, el hombre es ciertamente capaz de entender lo que ocurre en la extremidad inferior de la indagación, donde la Fuerza se vuelve manifiesta. Es aquí, en la fase inferior de la existencia, donde al hombre se le otorga el poder de gobernar; es aquí donde puede alcanzarse el pleno conocimiento de cómo la Fuerza dirige y manifiesta.

Un ser humano es una parte del todo, al que llamamos "universo", una parte limitada en el tiempo y el espacio. Él se experimenta a sí mismo, a sus pensamientos y a sus sentimientos como algo separado del resto: una especie de ilusión óptica de su conciencia. Este delirio es una especie de cárcel para nosotros y nos limita a nuestros deseos personales y a sentir afecto por unas pocas personas cercanas a nosotros. Nuestra tarea debe ser liberarnos a nosotros mismos de está prisión ampliando nuestro círculo de compasión para incluir a todas las criaturas vivientes y a toda la naturaleza en su belleza.

Todas las cosas están conectadas. Son tan solo aquellos que a través de una carencia de restricción se condenan a sí mismos a vidas de infelicidad e incertidumbre. Todos y cada uno de nosotros tenemos abundancia de posibilidades, incluido el potencial para crear o evitar desastres; para permanecer estáticos o viajar a la velocidad del pensamiento; para habitar como trols en una cueva de ilusión y oscuridad; o abrirnos paso a un mundo de luz. A través de la aplicación de los principios kabbalísticos, aprendemos a trascender las influencias negativas y reclamar nuestra medida justa de control personal y cósmico.

16. LA TRAMPA

¿Cómo nos libera la Kabbalah
de la cárcel de la limitación?

El alma es esa esencia del ser humano que es parte del Todo, del Universo. La sensación de separación que la mayoría de nosotros experimentamos es una cárcel, una "ilusión óptica" que nos limita a un rango estrecho de deseos personales. Las limitaciones extremas que nos imponen el tiempo y el espacio son una penalización adicional aun más severa para limitarnos al reino de lo físico.

¿Cómo logramos hacer estos cambios importantes y definitivos? Todos nosotros podemos citar ejemplos de algunas acciones que llevamos a cabo que al principio nos parecían razonables, y que aun así nos llevaron a obtener un resultado nada positivo al final. A menudo vamos en contra de nuestra inclinación natural para hacer lo que nos dicta el sentido común, sólo para descubrir más tarde que nuestros instintos naturales tenían la razón. Parece que el sentido común tiene una cualidad casi hipnótica. Nos adormece para que sigamos sus pasos por el camino de ese conocido jardín y justo cuando pensamos que estamos oliendo las flores de lo que pensamos que fueron nuestras decisiones correctas, caemos en un agujero al fondo del cual hay un metafórico cocodrilo o una vara punzante. El sentido común es una trampa en la que muchos de nosotros caemos.

Igual que los principios de la Kabbalah no pueden percibirse con los cinco sentidos, tampoco la lógica, la razón ni el sentido común pueden llevarnos a la fuente del río de nuestro ser. Esto no implica que el sentido común y la lógica no tengan su lugar, pues sí lo tienen. Es sólo cuando la lógica, la razón y la prueba y error nos han fallado, que al fin empezamos a comprender que en los asuntos espirituales los cinco sentidos no son suficiente.

El propósito de la Kabbalah es eliminar las cadenas de la lógica y la razón para que podamos ser liberados de la jaula de nuestros cinco sentidos comunes. Sólo si trascendemos los límites de nuestras barreras lineales autoimpuestas podemos construir un vínculo directo con las fuerzas cósmicas. Sólo entonces podemos empezar el verdadero viaje interior.

Rav Áshlag, el gran Kabbalista del siglo XX, filósofo, traductor de todo el *Zóhar* y autor de la exposición de dieciséis volúmenes de la Kabbalah Luriánica, Las Diez Emanaciones Luminosas, afirmaba que abrirse paso hasta la conciencia de uno mismo sólo requería de un prerrequisito —una cualidad de la que Rav Isaac Luria (el Arí) no carecía— y ese prerrequisito era el deseo.

Se dice que cuando el Arí estudiaba el *Zóhar*, la llama de su deseo ardía con tanta intensidad que profuso sudor brotaba literalmente de él. (*Escritos del Arí, La Puerta de la Meditación*, Págs. 310-313). A través de sus estudios, el Arí absorbió, convirtió y transformó la negatividad (*klipot*) y por lo tanto se convirtió en un canal para el *Or Ein Sof*, la Fuerza. Que sus esfuerzos recibieron recompensa es evidenciado por el hecho de que la Kabbalah Luriánica ha sobrevivido intacta durante más de cuatro siglos.

La Biblia, en el *Libro del Deuteronomio*, asegura a la humanidad la oportunidad de trascender el nivel inferior o robótico de conciencia que está gobernado por el ego y la ilusión física. En lugar de sólo aceptar las limitaciones con las cuales nacimos, el código bíblico nos enseña cómo elevarnos por encima de las influencias físicas, personales e incluso celestiales.

Abraham el Patriarca, el primer y más relevante astrólogo, se llamaba inicialmente Abram. Abram vio en su carta astrológica que nunca llegaría a concebir un hijo con su esposa Sarai. El Señor cambió el nombre de Abram a Abraham añadiéndole la letra *Hei*. (*Génesis* 17:4-6). De la misma forma, el Señor eliminó la letra *Yud* del nombre de Sarai y en su lugar añadió la misma letra *Hei*, cambiando así las influencias celestiales y ocasionando el nacimiento de Isaac. (*Génesis* 17:15-16).

Esto por supuesto, desde un punto de vista racional, es inconcebible. ¿Cómo podía el cambio en la letra de un nombre ocasionar el nacimiento de un hijo? Simplemente no tiene sentido. En realidad, las influencias celestiales no tienen sentido, al menos tal como se usa esta expresión. Ciertamente, por muy extraño que parezca, el primer paso para elevar la conciencia es rechazar la razón y el sentido común. Porque por muy bien que estos paradigmas de conciencia nos funcionen en el mundo real, son impedimentos en el camino hacia una conciencia elevada. La unión con un nivel elevado de la realidad no puede enseñarse, no puede pensarse, no puede comprarse, tiene que experimentarse.

Para todo aquel que haya entrado en el santuario de la Kabbalah, las respuestas a los problemas de la vida y las crisis sólo pueden ser empáticas en lo afirmativo. En estos tiempos rápidos y fragmentados, con lo bombardeados que estamos por estímulos sensoriales, es un placer para uno entrar en el refugio de una tradición ancestral que al mismo tiempo es tan elemental y tan completa. Aquí, donde el poderoso culto al progreso no prevalece, encontramos una doctrina que afirma la vida y que trasciende al intelecto sin negar la mente.

A través del estudio de la Kabbalah confirmamos lo que los kabbalistas han sabido durante siglos: que hay otra energía inteligencia invisible y omnipresente, no muy distinta a la gravedad o el electromagnetismo, que todavía tiene que ser científicamente probada. Además, y lo que es más importante, aprendemos a conectar con esa energía y a integrarla en nuestra vida.

17. ROSH JÓDESH

¿Por qué la "cabeza" de cada mes lunar,

especialmente la de Escorpio, es un día

de influencias celestiales importantes?

En un capítulo previo sobre las zonas cósmicas peligrosas, exploramos los aspectos destructivos de Escorpio y el mes hebreo de *Jeshván*. Sin embargo, a pesar de su sello de infortunio, caos y desorden, el primer día o *Rosh Jódesh* de *Jeshván* se considera como el día más supremamente positivo del año.

¿Cómo puede una constelación como Escorpio poseer la inmensa influencia negativa de la destrucción, que se manifestó como el Gran Diluvio, y al mismo tiempo contener en su marco cósmico un primer día con un poder tan grande para lo positivo?

Examinaremos la cuestión de *Rosh Jódesh* (la influencia del primer día de cualquier mes lunar) y más específicamente las influencias celestiales que hacen que el *Rosh Jódesh* de Escorpio sea tan intensamente positivo. Sin embargo, antes de considerar esta cuestión, será beneficioso comparar brevemente los sistemas astrológicos kabbalísticos y convencionales.

Tanto los sistemas astrológicos convencionales como kabbalísticos dividen los doce signos del Zodíaco según los cuatro elementos: tierra, aire, fuego y agua. En la astrología convencional, cada elemento está representado por una designación adicional de Cardinal, Fijo y Mutable. A diferencia de la mayoría de los astrólogos, el astrólogo kabbalista ha logrado una comprensión total de por qué esto es así.

Según la sabiduría de la Kabbalah, la Fuerza se revela a través de las cuatro fases, representadas en astrología como tierra, aire, agua y fuego. Sin embargo, como todo lo demás en este universo, la astrología también debe ajustarse a lo que en Kabbalah se conoce como el Sistema de Tres Columnas. Estas tres columnas (Izquierda, Derecha y Central), que están correlacionadas con los componentes del átomo (electrón, protón y neutrón), se revelan en cada palabra, partícula de materia, pensamiento, acto y acontecimiento, acción y reacción e interacción en nuestro universo.

La Fuerza se manifiesta en la Tierra en estricto acuerdo con estas tres divisiones. Por lo tanto, cada uno de los cuatro elementos o fases está imbuido con una predominancia de una de las tres columnas, a saber: la Columna Derecha del *Deseo de Compartir*, que se manifiesta en los signos de agua; la Columna Izquierda del *Deseo de Recibir*, simbolizada por los signos de fuego; y la Columna Central del *Deseo de Restringir*, representada por los signos de aire.

Por ejemplo, de los tres signos de fuego, Aries representa la Columna Derecha o energía-inteligencia de la fuerza principal del fuego; Leo representa la Columna Izquierda; mientras que

Sagitario muestra los atributos de la Columna Central de la fuerza del fuego.

Aun así, el hecho de que toda la energía y la vida se exprese en el mundo físico según el sistema de tres columnas, no niega ni compromete de ninguna forma la unidad de la Fuerza. Este flujo primario de vida se dirige y se filtra a través de muchas y diversas expresiones de la conciencia, estableciendo así capas infinitas de energías-inteligencias, pero es una única Fuerza que se expresa en una multitud infinita de formas y patrones. Las tres columnas son expresiones de la omnipresente Fuerza del Uno.

Sólo cuando una unidad de energía se expresa físicamente, pasa a ser dirigida por el Sistema de Tres Columnas y a formar parte de la vasija terrenal particular en la que está contenida. Los átomos que fluyen libremente en el espacio están en un estado potencial. Pero una vez contenidos en una pared o una mesa, los mismos átomos se manifiestan de una forma diferente y más "activa" físicamente. Los signos de tierra hacen que los átomos parezcan objetos sólidos. Cuando es capturado por un signo de tierra, el átomo se convierte en energía activa.

El comportamiento de una unidad atómica está determinado por diferentes marcos de referencia. Cuando está contenida dentro del agua, los tres componentes restantes del Sistema de Tres Columnas (Izquierda, Derecha, Central) actúan de acuerdo a la inteligencia de compartir, expansión o extensión. Sin embargo, es posible para cada uno de los tres componentes expresarse independientemente de los demás, aunque siempre dentro del marco de la inteligencia del agua.

Volviendo a Escorpio, los kabbalistas señalan su posición como el fuego, la columna izquierda o energía-inteligencia negativa del agua. El carácter interno del agua es positivo, de compartir y de entrega. Por lo tanto, cada uno de los tres signos de agua (Escorpio, Piscis y Cáncer) debe funcionar y expresarse dentro del marco del agua y su característica intrínseca positiva.

La pregunta que debe plantearse es: ¿cómo pueden los kabbalistas establecer un signo de agua negativo? Esta idea parece ir en contra de la idea esencial de que la inteligencia del agua se expresa de una forma positiva. El agua busca nivelarse. "¿Por qué?" pregunta el kabbalista. La respuesta es que todas las entidades físicas están gobernadas por pensamiento-energía-inteligencias, y la energía-inteligencia del agua es de compartir o extenderse.

Esta idea revolucionaria ha sido comprendida desde hace mucho tiempo por el kabbalista. Su interpretación del átomo nos permite comprender mejor el mundo que nos rodea. Toda la energía y las formas de vida inteligentes están motivadas por una manifestación básica de la vida: la Fuerza. Este flujo primario de vida se dirige y se filtra a través de muchas y diversas expresiones de conciencia, estableciendo así capas infinitas de energía-inteligencia. Sin embargo, es una única Fuerza que se expresa en una multitud infinita de formas y patrones.

Dicho de forma más completa, esto significa que la Fuerza se revela a través de un continuo de acontecimientos a través de los cuales el hombre puede experimentar la fuente de esta Creación. La Fuerza se revela a través de cuatro energías-inteligencias básicas. Éstas son el *Deseo de Compartir*, manifestado en los signos de agua, el *Deseo de Recibir*, simbolizado por los signos de fuego, y la Columna Central o *Deseo de Restringir*, representada por los signos de aire. Estas tres energías-inteligencias forman la esencia de cualquiera y de todas las disposiciones de la Fuerza. Las tres fuerzas operan bajo el mismo patrón en todas las estructuras, desde el átomo más pequeño a la unidad más grande del cosmos. Un conjunto de leyes universales impregna y unifica toda la fuerza de vida inteligente en el cosmos.

Una unidad de fuerza como el átomo no se expresa a menos que se manifieste físicamente. Cuando un todo unificado de energía está contenido dentro de una vasija, cuando su circuito de energía —que contiene las tres fases del deseo— se expresa físicamente, la cuarta dimensión, referida como tierra, se vuelve la fuerza dominante y prevaleciente. Ahora la unidad es dirigida por la cualidad particular terrestre en la que está contenida.

Un signo de tierra hace que los átomos aparezcan como objetos sólidos. Los átomos que fluyen libremente a través del espacio no evitarían que una mano pasara a través de ellos. Pero una vez están contenidos en una mesa o una pared, los átomos, que forman y ocupan el 99% de la mesa o pared, se convierten en una fuerza activa. En el espacio, los átomos son meramente una firma potencial de energía. Capturados por un signo de tierra, se convierten en energía activa.

Lo que parece desprenderse de lo anterior es que marcos de referencia determinan el comportamiento de la unidad atómica. Cuando está contenida dentro del agua, los tres componentes se comportan con la inteligencia de compartir, expansión o extensión. Sin embargo, los tres componentes tienen una oportunidad de expresarse independientemente los unos de los otros, aunque dentro del marco de la inteligencia del agua.

¿Cómo se expresa la columna Izquierda o negativa de la inteligencia del agua? Como mencionamos previamente, se expresa mediante el exceso de expansión, de extensión o demasiado compartir. En la forma de agua, un excedente resulta en una inundación. Si un padre o una madre comparten demasiado, malcrían a su hijo. Un negocio que se expande con demasiada rapidez puede resultar en fracaso.

El mes de Escorpio le sigue los pasos al mes de Libra, cuando el asombroso poder de la Fuerza se convierte en un estado manifestado de expresión. Esto es necesario para proporcionar a la humanidad con la suficiente energía de fuerza de vida para que dure un año.

Durante el mes de Libra, la Fuerza empieza a manifestar nuestro mapa cósmico para el año siguiente. Este es el mes en el que la energía celestial vieja alcanza el fin de su ciclo y se establece el patrón del año siguiente. El mes de Libra trae con él un tremendo flujo de energía, suficiente para llevarnos a través del año siguiente. Esto no quiere decir que el resultado y el futuro del destino de una persona en el año siguiente estén predeterminados. Cada uno de nosotros tiene la capacidad de influenciar y alterar radicalmente la naturaleza de su vida y de su entorno.

Este cambio de guardia metafísico, que empieza en *Rosh Jódesh*, el primer día de Libra, y culmina en el *Rosh Jódesh* de Escorpio, se revela de formas distintas. La fuerte sensación de desconexión que la mayoría de nosotros sentimos en el primer día de Libra es el resultado de este cambio en lo que podríamos llamar el ADN metafísico. A lo largo del mes de Libra, la Fuerza se establece gradualmente a sí misma, construyendo, creciendo y fortaleciéndose hasta que se libera en su pleno esplendor en el *Rosh Jódesh* de Escorpio.

Los días Sagrados (entiéndase Completos –"*wholy*[1]") de Sucot se establecieron para proporcionarnos una programación cósmica en la que toda la humanidad pudiera establecer la Luz de *Jasadim* (Misericordia).

La Luz de *Jasadim* es un código contenido dentro del léxico del lenguaje kabbalístico. La Fuerza, también referida con su nombre codificado, Luz de Sabiduría, debe estar contenida y oculta dentro de la Luz de *Jasadim* (Misericordia) para que pueda revelarse. La paradoja de la revelación o manifestación de la Fuerza (energía) yace precisamente en la capacidad de la vasija o *Jasadim* para ocultar la energía.

Considera los polos positivo y negativo de una bombilla de luz, que juntos proporcionan la revelación y la manifestación de la electricidad. Son, de hecho, dos fuerzas opuestas que juntas proporcionan una expresión unificada del todo omnímodo, la Fuerza. ¿Por qué debe haber un polo positivo en la bombilla cuando de hecho es el polo negativo el que atrae la corriente? Porque el polo positivo proporciona el marco adecuado para que la Fuerza se exprese físicamente. El polo positivo, con su energía-fuerza intrínseca, la Luz de *Jasadim*, proporciona la energía-fuerza, suministrando así expansión y extensión. La Luz de *Jasadim* es el nombre kabbalístico codificado de una fuerza de polo positivo.

---

1. N. del t.: "holy" significa sagrado en inglés pero el Rav se refiere a esos días como "wholly" que en inglés se pronuncia casi igual y significa completos.

La Luz de *Jasadim*, también referida como la vasija positiva, hace finalmente que la Fuerza se manifieste. Mientras el polo negativo atrae la corriente hacia el receptáculo, es el polo positivo con su Luz de *Jasadim* lo que proporciona la expresión brillante de la bombilla de luz cuando pasa por la columna central de restricción del filamento. Cuando toda la humanidad, junta y como un todo integrado, manifiesta la totalidad del *Jasadim* cósmico en *Sucot*, el flujo y la manifestación de la Fuerza que proporcionan la fuerza de vida para todos los habitantes de la tierra es asombrosa. Podría compararse con una represa que de repente abre sus compuertas. Las aguas torrenciales podrían ocasionar inundaciones y caos.

Por consiguiente, el signo Zodiacal de Escorpio, que sigue a la liberación de la absorción por parte de la humanidad de una asombrosa provisión de energía, se encuentra en un dilema. La fuerza cósmica de la liberación repentina de *Jasadim* en el cosmos es la responsable del gran comportamiento negativo de este signo de agua. Escorpio es el efecto de este fenómeno y no su causa.

Jasadim, representado por el agua en nuestro universo físico, proporciona y extiende la fuerza de vida del Señor a todos los habitantes de la Tierra. Se trata de una cantidad·enorme de energía que hace su aparición súbitamente en el escenario de la orquestación de la Tierra.

Para algunas almas espiritualmente poderosas que inician nuevos proyectos en el mes de Escorpio resulta apropiado y ciertamente ventajoso. Se les anima a que vayan con todo, que no escatimen en esfuerzos en sus nuevos proyectos. Sin embargo, para la mayoría de nosotros, es recomendable que nos abstengamos de tomar ninguna decisión relacionada con nuevos proyectos durante el mes de Escorpio. Todas las consideraciones previas son aplicables a todo el mes lunar de Escorpio, con la excepción del primer día de este mes.

El primer día, *Rosh Jódesh*, el inicio de cualquier mes, contiene una cualidad única dentro de su marco cósmico. Al ser el primer día, simboliza el poder de *Kéter* (Corona). Como una semilla existe dentro de *Rosh Jódesh* el potencial para raíces, hojas, ramas, flores y frutos.

La respuesta al misterio que rodea a *Rosh Jódesh* la proporciona el *Zóhar*. El significado místico de *Rosh Jódesh* era bien conocido para todas las culturas antiguas. Templos, documentos y enseñanzas religiosas se alzan como testimonios de la influencia que se creía que ejercían los cielos sobre la vida diaria de los hombres. Se pensaba que la estructura externa ordenada del cosmos simbolizaba el funcionamiento metafísico del reino celestial.

> *Está escrito que el Señor, la Fuerza, va con Yaakov el Patriarca en todos y cada uno de los Rosh Jódesh. Yaakov, la energía-inteligencia de la columna central, se llama Mamré, lo cual indica el asombroso poder que emerge de esta unión. Y sólo cuando las fuerzas estuvieron en equilibrio los Cielos declararon su majestuosidad y su influencia. Según el Zóhar, la Fuerza, acompañada y canalizada por la energía-inteligencia de Yaakov, se hace manifiesta como una Fuerza unificadora en Rosh Jódesh. (El Zóhar, Vayerá 2:22-27).*

Según la interpretación kabbalística, *Rosh Jódesh* indica la aparición de la Columna Central que une las dos energías-inteligencias opuestas de la Fuerza a saber: el *Deseo de Compartir* y el *Deseo de Recibir*. El conductor entre estas dos fuerzas opuestas es la energía-inteligencia de la restricción, indicada con el nombre codificado de Yaakov. Cuando tiene lugar la restricción, lo que significa que se impide que la Fuerza entre en la vasija que posee la energía-inteligencia del *Deseo de Recibir*, el resultado es una explosión a través de la cual se revela la energía-inteligencia inmensamente positiva del *Deseo de Compartir*.

Esta es la condición antes de que aparezca la luna nueva. Todos los sistemas están preparados y esperando el momento en que se encienda el interruptor. Cuando la energía-inteligencia de un mes lunar en particular aparece, la Fuerza ilumina a los Cielos con una explosión colosal y la red vibrante del movimiento incesante de la vida empieza su danza de nuevo.

El universo ha sido programado para evolucionar en una serie de doce meses hacia su enmienda final. El *Zóhar* señala que el comportamiento y la orientación de cualquiera es una energía-inteligencia encapsulada que estalla desde el cosmos, sembrando el universo como un huevo cósmico.

La Fuerza del Señor empieza a revelar su poder gobernante en *Rosh Jódesh*, desencadenada por el signo particular del Zodíaco. Por consiguiente, sostiene el *Zóhar*, la dimensión de Luz y poder proporcionada por *Rosh Jódesh* permite el control humano sobre el destino individual. No hay conflicto entre el determinismo y el libre albedrío.

"El Señor también hizo esto delante de lo otro", declara el rey Salomón en *Eclesiastés* 7:14. El *Tsimtsum* (primera restricción), creó una situación tal que las leyes predictivas del cosmos y el libre albedrío podían existir uno al lado del otro. La inteligencia negativa de la constelación es contrapuesta a la estructura positiva de la Fuerza. El aspecto negativo depende de lo positivo para su sustento; lo positivo depende de lo negativo para su revelación.

El rey Salomón parece ofrecer a la humanidad la capacidad única de penetrar e influenciar sobre la realidad estructural del universo de una forma nunca soñada en el tiempo de Newton. No es el propósito de este libro profundizar en el concepto kabbalístico de fuerzas opuestas. Este tema se trata en otro lugar. Aun así debe recordarse que la dualidad del libre albedrío y el determinismo es un elemento clave en el proceso cósmico.

El *Zóhar* enfatiza la conciencia directa e íntima del reino celestial y metafísico. *Rosh Jódesh* es un día que, a pesar de ser a menudo descrito como un ritual dogmático ordenado por la Biblia, puede proporcionarnos una conexión con el asombroso poder de la Fuerza. Conectar con este poder establece para nosotros un mes de conciencia puramente positiva.

La mayoría de nosotros estamos atrapados en un estrecho marco de referencia que limita severamente nuestro potencial humano. El *Rosh Jódesh* de Escorpio ofrece una oportunidad única para las bendiciones y la continuidad, que sólo en este día puede liberarnos de nuestro encarcelamiento autoimpuesto. Este es precisamente el concepto que presenta el *Zóhar*.

Rav Shimón habló sobre el verso: "Pero Tú, oh Señor, no estés lejos; Fuerza mía, apresúrate a socorrerme". (Salmos 22:19). Dijo él (Rav Shimón): "Las dos invocaciones, Tú y el Señor, representan a Maljut y Tiféret, respectivamente".

Dos palabras, una de ilusión (Maljut) y la otra de realidad (Tiféret), el Señor es el Tetragrámaton, Tú se refiere a Maljut. El Salmista rezó para que los dos mundos se unieran. Pues cuando uno se separa del otro, toda la Luz se oscurece y se elimina del mundo.

Nuestro universo recibe su beneficencia, alimento y energía positiva a través de Maljut. Ella (Maljut) actúa como satélite para canalizar el asombroso poder de la Fuerza a la humanidad. Cuando Maljut, que es la Luz inferior (Maljut es el nombre codificado kabbalístico para la energía-inteligencia interna de la Luna), no recibe la Fuerza de Tiféret, no tiene nada que ofrecer a este universo. Por este motivo, el Templo (la energía conductora de la Fuerza) fue destruido en el periodo de Jeremías.

La humanidad causó una ruptura en la conexión cósmica entre Tiféret y Maljut. Aunque el Segundo Templo fue construido, la Fuerza no regresó como antes. (El Zóhar, Tetsavé 1:5-6).

Lo que parece desprenderse del fragmento previo del *Zóhar* es la dualidad que está presente en toda la actividad energía-inteligente. El *Zóhar* hace entender que si prevalece la actividad humana negativa, entonces parece que se produce una ruptura entre la energía (*Tiféret*) y la materia (*Maljut*). Esta separación, que se manifiesta en todos los niveles, desde el cosmos hasta el reino de la actividad subatómica, es el resultado de la invasión de la humanidad del vínculo cósmico entre *Tiféret* y *Maljut*.

Por lo tanto, la desintegración ilusoria de la materia, los horrores de la incertidumbre y el proceso de discontinuidad se establecen en el estilo de vida del medio ambiente de la Tierra. Sin embargo, no olvidemos ni por un momento que existe un universo paralelo que mantiene su conexión con continuidad y plenitud, donde la dicha de la certeza nunca cesa.

En *Rosh Jódesh* no hay ruptura entre *Tiféret* y *Maljut*. Uno sólo necesita ser consciente del significado de *Rosh Jódesh* y luego conectarse con su gran energía; y aun más en *Rosh Jódesh* Escorpio, cuando tiene lugar una increíble liberación de la Fuerza y el potencial de Escorpio se revela en su totalidad. En *Rosh Jódesh*, la ventaja de la cual disfruta Escorpio no se presenta de forma negativa. Debido a su naturaleza "potencial", el estado manifestado del gran comportamiento negativo de Escorpio no afecta a *Rosh Jódesh*.

Afortunadamente, la humanidad no puede alterar de ninguna forma el reino cósmico. Sólo se nos brinda la elección de si queremos o no conectarnos y aprovechar su asombroso poder. Además, se nos proporcionan las herramientas, la metodología y los canales a través de los cuales podemos mejorar nuestro bienestar.

El cosmos amigable se extiende desde el primer día de cada mes al decimoquinto día de cada mes lunar. Por supuesto, este periodo cósmico no incluye esos meses hostiles previamente mencionados. Con la actitud adecuada de restricción, podemos conectar con el asombroso poder de *Rosh Jódesh* sin temer las consecuencias que pueden incurrir durante cualquier otro día de Escorpio. Así pues, el primer día lunar de Escorpio es un día muy beneficioso para iniciar cualquier proyecto.

18. EL RUGIDO DE LEO

¿Cómo mejora nuestra conciencia

conocer el poder de la energía cósmica?

Otro día de inmenso poder cósmico es el decimoquinto día del mes lunar de Leo. No es una coincidencia que Leo, un mes que es testigo de la tempestuosa destrucción de los dos Templos Sagrados, contenga un día con tanta energía cósmica.

El carácter lunar de Leo que era predominantemente dichoso en la época del Templo, se volvió cada vez más sombrío después de que Roma destruyera el Templo. A medida que ocurrían más y más catástrofes, la energía cósmica de este periodo se restringió gradualmente, tal como muestra el dicho *Mishanico*: "Cuando llega *Av*, la alegría disminuye". (*Talmud Babilónico*, Tratado *Taanit*, Pág. 26b).

Como Escorpio, Leo lunar es también un mes de inmenso poder. La diferencia entre ellos es que Escorpio, al ser un signo de agua, manifestó su poder de destrucción en inundaciones, mientras que Leo, signo de fuego, expresó su asombroso poder de destrucción en el incendio de los Templos sagrados.

Es este aspecto destructivo de Leo lunar lo que lo convierte en un mes generalmente no propicio para iniciar nuevos proyectos. Al ser un signo de fuego, Leo representa un tiempo de sobrecalentamiento y energía negativa explosiva. La intensidad de la Fuerza durante este mes es tal que la mayoría de las personas son incapaces de canalizar su impredecible energía. El sol es capaz de crear el Efecto Invernadero.

Sin embargo, afortunadamente el mapa celestial proporcionó en la época del Templo, así como en la actualidad, espacios para respirar dentro de las zonas cósmicas de peligro. Un momento de estas características es el decimoquinto día del mes lunar de Leo. Efectivamente, Rav Shimón Ben Gamliel (10 A.E.C - 70 D.E.C.), dijo que nunca hubo en Israel días de dicha más grandes que el decimoquinto día del mes de *Av* (Leo) y *Yom Kipur*. En el decimoquinto día de *Av* las hijas de Jerusalem salían y danzaban en los viñedos mientras exclamaban: "Hombres jóvenes, alcen sus ojos y vean lo que eligen para ustedes. No dirijan su mirada a la belleza, dirijan su mirada a la familia". (*Talmud Babilónico*, Tratado *Taanit*, Pág. 26b).

El *Zóhar* nos dice:

> *"En este día (*Rosh Hashaná*), la luna está oculta y no brilla hasta el décimo día, cuando Israel regresa con un arrepentimiento perfecto para que Biná (el depósito de energía) le dé Luz a ella (la Luna). Así pues, este día se llama el día de las Expiaciones (plural), porque dos luces están derramando la Luz de la Fuerza, puesto que la Luz superior (Biná) está iluminando a la inferior (Maljut). Pues en este día la Luna recibe iluminación de Biná y no del Sol (Zeir Anpín). Así pues, Maljut no ilumina hasta Yom Kipur".* (El *Zóhar*, Emor 34:224).

En la descripción del *Zóhar* de *Yom Kipur* uno percibe una intimidad entre el hombre y el cosmos, en lugar de meramente el relato detallado de una doctrina religiosa. Lo que subyace y penetra en la interpretación *Zohárica* de los Días Sagrados es el enorme poder de la Fuerza que prevalece en esos días.

La Luna depende del Sol para su sustento. Y puesto que su energía llega indirectamente a *Maljut* a través de *Zeir Anpín* (el Sol), la potencia se disminuye enormemente. Sin embargo, en *Yom Kipur*, la energía de *Maljut* (la Luna) conecta directamente con el depósito de energía de *Biná*, y su poder se vuelve similar a la energía infinita del Sol. Por lo tanto, cuando el *Talmud* compara el decimoquinto día de *Av* (Leo) con *Yom Kipur*, lo hace porque en ese día se revela una tremenda cantidad de energía celestial.

Bajo esta consideración, de repente la sección anteriormente confusa del *Talmud* ahora recobra vida. "En aquellos días, las hijas de Jerusalem salen y danzan..." indica la conciencia elevada alcanzada por las hijas de Jerusalem como resultado de esta infusión de energía Celestial. La expresión "dirijan su mirada a la familia" se refiere a la unión de la *Hei* inferior del Tetragrámaton (*Maljut*), que se está uniendo, en el decimoquinto día de *Av*, con *Biná*, la *Hei* superior del Tetragrámaton, formando así una familia unida. Es en este día, el decimoquinto de *Av*, cuando las energías de *Zeir Anpín* y *Maljut* (el Sol y la Luna) se unen, creando una fuerza de energía poderosa y beneficiosa dentro de nuestro cosmos.

El decimoquinto día de cualquier mes lunar es un día perfecto para iniciar nuevos proyectos (con la excepción de aquellos meses que caen dentro de las Zonas de Peligro Cósmicas). Esto también se cumple en el mes lunar de Leo.

La Biblia, el *Talmud* y el *Zóhar* no son documentos para la religión, sino instrumentos, medios a través de los cuales podemos lograr vidas y sociedades libres de caos, drogas, crimen, odio y animosidad. El *Talmud* antes citado no se dirige únicamente a Israel o a las hijas de Jerusalem. Los sabios del *Talmud* proporcionan información para ayudar a toda la humanidad a alcanzar la dicha y la alegría.

El universo es un código cósmico, y la tarea del *Zóhar* es descifrarlo. Revelado a través de este código cósmico hay un orden celestial más allá de la experiencia inmediata y racional del hombre. A pesar de todos los miles de millones que se invierten en viajes espaciales, seguimos en la oscuridad cuando se trata de entender la naturaleza interna de las energías cósmicas. El *Zóhar* expone la existencia de las fuerzas de energía que dan forma a la condición humana y ejercen su control sobre nuestro universo físico. Y lo que es más importante, nos muestra como utilizarlas.

En el decimoquinto día de *Av*, *Maljut*, —nuestro universo físicamente manifestado— recibe su energía directamente de *Biná*, el depósito de energía. A lo largo del año, su provisión de energía depende de su posición con respecto al Sol, extrayendo su sustento (el sustento de *Maljut*) a través de *Zeir Anpín* (el Sol). Por lo tanto, el *Zóhar* recomienda que se inicien los nuevos proyectos durante la primera mitad de cualquier mes lunar, y no durante la segunda mitad. La primera mitad de cualquier mes lunar es testigo de una infusión de energía dentro de nuestro cosmos, mientras que la segunda mitad experimenta una disminución en la beneficencia cósmica. De ahí el aumento gradual de la luminosidad de la luna durante los primeros quince días, y su reducción gradual hasta llegar a nada al final del mes.

Al emparejarse directamente con la conciencia de *Biná*, *Maljut* (la Luna) alcanza una intimidad indirecta con la energía inmensa e inteligente de *Jojmá* (Sabiduría). Una vez *Maljut* logra una conexión cósmica con el nivel exaltado de *Jojmá*, entonces está en un estado de comunicación con la Fuerza. Esto ocurre sin ninguna intervención por parte de la humanidad. Todo lo necesario para conectar con la inmensa energía del decimoquinto día de *Av* es el conocimiento de los patrones celestiales que se han dispuesto por el mapa cósmico para el beneficio de la humanidad.

A diferencia del decimoquinto día de *Av*, *Yom Kipur* requiere de un esfuerzo sustancial por parte de cada individuo con el fin de elevar su conciencia a un estado de comunión con la conciencia de *Biná*. Antes de que cualquier conexión pueda tener el efecto deseado, el individuo debe primero esforzarse para transformar su propio *Deseo de Recibir Sólo para Uno Mismo* en *Deseo de Recibir con el propósito de compartir*.

Nuestro futuro depende de nuestras acciones. Podemos controlar nuestra vida y nuestro destino o no, dependerá de si elegimos activar el mecanismo restrictivo necesario para eliminar el *Pan de la Vergüenza* o nos sometemos al *Deseo de Recibir Sólo para Uno Mismo*. La actividad negativa crea un programa de incertidumbre y fragmentación, en el cual aun los planes aparentemente más perfectos se vuelven sujetos a la indecisión cuántica. Por otro lado, la actividad desinteresada elimina todas las impurezas y reemplaza cualquier duda o incertidumbre por bendiciones. A través de la conciencia positiva podemos reformatear nuestro mapa cósmico y traer paz, certeza y una energía inmensa a nuestra vida.

Hay muchos caminos espirituales a través de los cuales puede experimentarse el universo metafísico. Cada uno de ellos incluye varios niveles de conciencia y cada uno proporciona una conexión con campos de energía cósmica que pueden incrementar nuestra conciencia y mejorar nuestro bienestar.

Tales conexiones son particularmente necesarias hoy en día, pues nuestro medio ambiente está altamente contaminado de aflicción.

Después de haber ascendido la escalera espiritual, lo cual significa lograr el *tikún* y corregir las faltas y los errores de encarnaciones previas, uno alcanza un nuevo nivel de conciencia que le permite dictar el camino que tomará a lo largo de su vida. Tal individuo, en realidad, ha cambiado el patrón cósmico de su vida.

19. LA LUZ DE TAURO

¿Por qué el decimoctavo día del

mes lunar de Tauro

tiene consecuencias energéticas distintas

a todo el resto del mes?

El mes lunar de Tauro (*Iyar*) es un mes de abstención y costumbres tradicionales de duelo cuando se contemplan nuevos proyectos. Sin embargo el decimoctavo día del mes lunar de Tauro es un día en el que los nuevos proyectos tienen muchas probabilidades de ser un éxito. Que el decimoctavo día tenga tal consideración es extraño, pues fue cuando 24.000 estudiantes de Rav Akivá fueron torturados y asesinados porque no se honraban suficientemente los unos a los otros. (*Talmud Babilónico*, Tratado *Brajot*, Pág. 61b).

Tauro y Escorpio tienen mucho en común. Ambos son meses de una intensa actividad negativa, sin embargo ambos contienen días de una inmensa energía positiva. Es más, de todos los signos del Zodíaco, sólo a éstos se les han otorgado nombres adicionales. Escorpio adquirió el nombre hebreo de *"Bul"*, que apunta a la idea de la exactitud, "en diana" o "bien hecho", apropiado para la energía-inteligencia de Escorpio; Tauro tiene el nombre característico pre-exilio de *"Ziv"* (Reyes I 6:1), que significa "brillo" o "Luz". Es este atributo de "Luz" lo que desafía a Tauro lunar y al mismo tiempo lo que lo salva.

El desafío al que se enfrentan los de Tauro es su tendencia a ser autocomplacientes y a sentir que su punto de vista es siempre el correcto. Los de Tauro se sienten cómodos —conectados con la Luz— por muy desastrosas o devastadoras que sean sus circunstancias. Es bastante inútil intentar castigar o "enseñar una lección" a un Tauro que te ha lastimado, pues ellos siempre sentirán que la verdad está de su lado sea cual sea el castigo que se les imponga. Esto puede ser un serio obstáculo para aquellos Tauro que no tienen inclinaciones espirituales.

No fue una coincidencia que el comienzo del Templo por parte del rey Salomón tuviera lugar en el mes de Tauro, (*Crónicas* II 3:2, *Reyes* I 6:1) y que se terminara en el mes de *Bul*, que es el octavo mes o Escorpio. Estos dos meses fueron cuidadosamente seleccionados por el rey Salomón para comenzar y terminar su proyecto. No te equivoques en considerar la posibilidad de que fueran sus constructores quienes no pudieron comenzar antes, ¡o que casualmente completaron su construcción en el mes de *Bul*, que es el octavo mes de Escorpio!

El sabio rey Salomón entendía el cosmos y los métodos con los cuales conectar con su poder. El rey Salomón sabía que completar el Templo en el mes de Escorpio (*Bul* exactamente) proporcionaría una infusión de la energía- inteligencia espiritual suficiente para dar energía al Templo por unos cuatrocientos años.

En su sabiduría, los eruditos del *Talmud* y el *Zóhar* eran conscientes de que la Fuerza que todo lo sabe debió haber previsto la codicia del hombre y su lucha encarnada por el poder. Y que ciertamente Él también debía saber que la vasta mayoría de los habitantes de la Tierra, con lo acomodados que estamos en el *Deseo de Recibir Sólo para Uno Mismo*, seríamos incapaces de manejar una gran infusión de energía espiritual. Por lo tanto, Él encontró al cosmos en una situación similar a la de Escorpio lunar, que se resolvió con el Diluvio Universal.

En el caso de Escorpio, la solución fue impregnar al universo de una energía positiva suficiente para restringir las necesidades ilimitadas del *Deseo de Recibir*. El día elegido fue *Rosh Jódesh*. Una infusión de energía positiva similar era necesaria para estabilizar el enorme poder negativo de Tauro.

Rav Shimón Bar Yojái resolvió el problema partiendo de este mundo en el decimoctavo día del mes lunar de Tauro.

> *"En el día que Rav Shimón deseó abandonar este mundo, preparó sus palabras finales. Reunió a todos sus amigos a su alrededor, y les reveló nuevos misterios y enseñanzas esotéricas. Rav Aba, quien estaba presente en esta ocasión, reportó que la Luz que emanaba de Rav Shimón era tan intensa que no podía acercarse a él".*
> (El Zóhar, Haazinu 48:196-201).

Para el lector, la descripción *Zohárica* de la partida de Rav Shimón Bar Yojái puede sonar como una historia sacada de un cuento. Sin embargo, así era el poder de un hombre que había trascendido las limitaciones del tiempo, el espacio y el movimiento. Es significativo que el día elegido por Rav Shimón para abandonar este mundo fuera el decimoctavo día de Tauro.

Con respecto al decimoctavo día lunar de Tauro, Rav Isaac Luria (el Arí), en su discusión sobre este periodo —conocida por su nombre codificado de *Sefirat ha Omer*— afirma que "este día es la revelación de la compasión, por el misterio del nombre codificado de *Elokim Jaim* (el Señor Viviente). Tiene lugar una conexión con la conciencia de *Biná*. Esta idea se revela a través de otra energía-inteligencia codificada conocida como *Sefirá* de Hod." (*Escritos del Arí, Las Puertas de la Meditación*, Vol. 11).

Durante aproximadamente dos mil años, cientos de miles de peregrinos han hecho su viaje a la pequeña aldea de Galilea conocida como Merón; algunos a rendir homenaje, otros a rezar por la intervención y el apoyo de Rav Shimón para su bienestar. Una multitud de peregrinos aprovechan el regreso de Rav Shimón a su existencia terrenal en este día del decimoctavo de *Iyar* (Tauro) y reciben su canalización de la Fuerza.

El *Zóhar* señala el enorme poder de Tauro en su discusión sobre el Tabernáculo:

> *"Está escrito 'Y el Señor habló a Moisés en el desierto de Sinaí en el Tabernáculo en el primer día del segundo mes...' (Números 1:1). La Revelación en el Monte Sinaí está correlacionada con el poder del Sol (Zeir Anpín), el Tabernáculo con la Luna (Maljut). Este segundo mes se llama Ziv, una alusión al circuito inusual entre Zeir Anpín (Sol) y Maljut (Luna), cuando los mundos conjuntamente se encontraban en gran unificación". (El Zóhar, Bamidbar 1:7).*

La atmósfera extrínseca y de alguna forma rebelde de este tiempo de un poder extremadamente elevado es una justa advertencia a aquellos que son incapaces de manejar una infusión tan enorme de energía celestial. Sin embargo, a las personas de mentalidad espiritual se les aconseja que empiecen nuevos proyectos en el decimoctavo día de Tauro lunar, pues el éxito estará prácticamente asegurado.

Con la Kabbalah establecemos continuidad y liberación de la duda al revelar la intimidad del cosmos y al conectar con su energía por el beneficio y bienestar de toda la humanidad.

20. LA ZONA DE ACUARIO

¿Por qué el mes lunar de Acuario es

un tiempo propicio para empezar

nuevos proyectos?

Los Cielos proclaman la gloria de Dios, y el firmamento anuncia la obra de Sus manos. Un día transmite el mensaje al otro día, y una noche a la otra noche revela sabiduría. No hay mensaje, no hay palabras; no se oye su voz. Pero por toda la Tierra salió su voz, y hasta los confines del mundo sus palabras. En ellos Dios puso una tienda para el sol.
Salmos 19:2-5.

En su búsqueda para descubrir los patrones subyacentes y las causas que se expresan en los movimientos y los acontecimientos celestiales, los kabbalistas han llegado a muchas conclusiones que los científicos consideran absurdas. El kabbalista, por ejemplo, afirma que el mundo es una ilusión, que la luz no tiene velocidad y que los ciclos mensuales de las estrellas y los planetas no son carentes de sentido. Efectivamente, lejos de ser el entorno oscuro, hostil y caótico propuesto por la ciencia, el kabbalista ve al cosmos como un reflejo de él/ella mismo(a).

No es sorprendente que con los mismos materiales básicos, los científicos y los kabbalistas lleguen a conclusiones tan infinitamente distintas. Sus métodos de trabajo son diametralmente opuestos. El científico pregunta "cómo" y los kabbalistas preguntan "por qué"; el científico trabaja de fuera a dentro, el kabbalista trabaja de dentro a fuera; el científico divide el mundo en lo animado y lo inanimado, en lo vivo y lo muerto, mientras que el kabbalista procede bajo la suposición de que puesto que el Creador, que es el paradigma de la vida, está en todas partes, se deduce que todo, una piedra, un árbol, un hombre, debe por necesidad estar impregnado de un cierto nivel de conciencia inteligente.

Otra diferencia esencial entre la visión del mundo del kabbalista y la del científico es que el científico intenta distanciarse de lo que está analizando, mientras que el kabbalista, como sabe que todo el mundo y todas las cosas están interconectados, entiende que uno no puede estudiar algo fuera de sí mismo sin estudiarse también a sí mismo. La verdadera objetividad es imposible. Es inútil mirar algo fuera de uno mismo sin incluirse a uno mismo en la ecuación: el observador y el observado son uno y lo mismo.

El universo somos nosotros.

Con esto en mente, examinemos por qué el mes lunar de Acuario es un tiempo tan propicio para iniciar nuevos proyectos, especialmente el decimoquinto día del mes lunar.

Llegados a este punto, el lector ya está familiarizado con la visión kabbalística del mundo que dice que los cuerpos celestes están posicionados en el cosmos según su propia energía-inteligencia y su aspecto del *Deseo de Recibir*. Y que su lugar en el cosmos puede proporcionarnos un atisbo de nuestra estructura interna y la de la Fuerza.

Cuando dos signos del Zodíaco forman un ángulo de 180 grados se considera que están en oposición. Cada uno de los doce signos del Zodíaco tiene su opuesto, un signo con el que forma una polaridad y un equilibrio natural. Leo, signo de fuego, y Acuario, signo de aire, están en oposición directa. Acuario ocupa la posición del fuego en la última región del Zodiaco; Leo está situado dentro de la posición de fuego de la segunda región. Tauro y Escorpio, que representan la tierra y el agua respectivamente, también están en oposición, como también lo están Aries y Libra, que representan el fuego y el aire respectivamente. Otros signos en oposición son Géminis y Sagitario, aire y fuego; Cáncer y Capricornio, agua y tierra; y Virgo y Piscis, tierra y agua.

Por lo tanto, el decimoquinto día del mes lunar de Leo y el decimoquinto día del mes lunar de Acuario son como dos caras de la misma moneda: cada uno es dependiente del otro y revela al otro. Como los polos de un imán, cuando estos dos signos están en desacuerdo, ambos afirman claramente su individualidad.; cuando están en armonía, revelan el todo cósmico. Como todos los signos en oposición, tienen potencial para sacar lo mejor y lo peor el uno del otro.

Acuario se describe en posición arrodillada, con su jarrón de agua viva apoyado en un hombro mientras su contenido se vierte frente a él. El emblema de este undécimo signo es muy simple. Acuario deriva de la palabra en latín "aqua", que significa agua. El jarrón representa el código cósmico hebreo de *kad* (jarra). El valor numérico de *kad* כַד—que consiste de dos letras, *Kaf* כ y *Dálet* ד— es veinticuatro, un número, revelado por muchas narraciones, de infortunio y muerte.

> *"Cuando lo vio Pinjás, hijo de Eleazar, hijo del sacerdote Aarón, se levantó de en medio de la congregación, y tomando una lanza en su mano, ... Y así cesó la plaga sobre los Israelitas. Y los que murieron por la plaga fueron veinticuatro mil".*
> *(Números 25:7-9).*

E incluso un ejemplo más serio de la conciencia de kad está representado por la descripción del *Talmud* de la destrucción del Templo, donde se dice que Rav Akivá tenía 12.000 pares (24.000) discípulos, de Gabata a Antipatris, y todos ellos murieron al mismo tiempo porque "no se trataban los unos a los otros con respeto". Un Taná (sabio) enseñó: todos ellos murieron entre Pésaj y Shavuot. Rav Hama ben Abaor (o podría decirse Rav Hiyah ben Abin) dijo: "Todos ellos tuvieron una muerte cruel". (*Talmud Babilónico, Tratado Jemaboth*, Pág. 62b).

Sin embargo, el agua que el hombre comparte de su *kad* (jarrón) es el agua del conocimiento y la conciencia. Por lo tanto, en el vecindario celestial asociado con el rey David, Acuario se ve como un signo con gran conflicto, el agua versus fuego. La inclusión del *kad* (jarra/jarrón), representa el sufrimiento y el derramamiento de sangre que acompañará y marcará el inicio de las etapas finales del Mesías.

Acuario está asociado con la comunicación y es sinónimo de la era del Mesías, cuando el concepto de "Ama a tu prójimo" (Levítico

19:18) prevalecerá entre toda la humanidad. El *Zóhar*, en *Vayikrá* 59:388 afirma que "En los días del Mesías, no tendrán que enseñar más cada uno a su prójimo y cada cual a su hermano, diciéndole: 'Conoce al Señor', porque todos Me conocerán, desde el más pequeño de ellos hasta el más grande". (*Jeremías* 31:33).

Como ya se ha mencionado previamente, las letras y las palabras hebreas están codificadas para la revelación de la energía-inteligencia. Sorprendentemente, la palabra hebrea *Shvat* (el nombre del mes lunar de Acuario) tiene un análogo en arameo: *Sharvit*. Acudamos al *Zóhar* para obtener una interpretación del significado de esto:

> *Rav Yitzjak inició una discusión sobre el verso: "...entonces el remanente de Yaakov, en medio de muchos pueblos, será como rocío que viene del Señor, como lluvias sobre la hierba". (Miqueas 5:7). Observa que cada día, tan pronto como sale el sol, una cierta fuerza cósmica femenina espera a su pareja para la conexión cósmica que revela la luz del día que emana del Jardín del Edén. Al recibir la fuerza del sistema de energía-inteligencia de Tres Columnas, Sharvit (Shavit) gobierna como un cetro manteniendo el equilibrio en el universo. (El Zóhar, Mikets 15:238).*

Lo que emerge del *Zóhar* es el misterio de la fuerza interna del mes lunar de Acuario. Es la fuerza de energía del Sistema de Tres Columnas —la conciencia del Mesías— que indica el advenimiento del Mesías, junto con su bendición "Paz en la Tierra, y buena voluntad hacia el prójimo".

La energía-inteligencia interna del agua es compartir. La posición fija o media de Acuario entre los tres signos —Capricornio, Acuario y Piscis— añade a ésta una conciencia de fuego, y por lo tanto el código *kad*. A esto añadimos ahora la conciencia del aire simbolizada por el concepto del Mesías. Ahora vemos el signo de Acuario como una personificación de la energía-inteligencia de la Columna Central. Acuario personifica la totalidad de la Fuerza, con una conciencia de fuego, agua y aire envuelta en una unidad que lo abarca todo. Por lo tanto, Acuario proporciona a la humanidad una zona cósmica extremadamente beneficiosa para nuevos emprendimientos.

Con nuestra nueva perspectiva kabbalística del mes lunar de Acuario, podemos ahora empezar a entender las tradiciones que rodean al decimoquinto día de este mes. *Tu BiShvat*, el nombre hebreo para el decimoquinto día de Acuario, es el festival del Año Nuevo de los árboles. Para los tradicionalistas, sólo hay un Año Nuevo, que es *Rosh Hashaná*. Para el lector de material kabbalístico, la idea de un Año Nuevo para árboles, animales y vegetales no debería resultar sorprendente.

La física cuántica coincide con la visión kabbalística de la realidad en el sentido que ambas ven la materia (animada e inanimada) no como un fenómeno pasivo e inerte, sino más bien como una danza de patrones y tendencias metafísicas, un ritmo vibrante integral e inseparable de un complejo cósmico consistente en espacio, tiempo, energía, materia y conciencia. El kabbalista hace una distinción más, colocando todas estas manifestaciones externas del orden cósmico bajo la directa influencia del *Deseo de Recibir*. (*Una Entrada al Zóhar*, Rav Yehuda Áshlag, Págs. 110-116).

Rav Isaac Luria (El Arí) enseñaba que hay cuatro realidades básicas de la energía-inteligencia en nuestro universo mundano, que son: la realidad inanimada, la realidad de la vegetación, la realidad animal y la realidad humana. Estas cuatro realidades son extensiones de los cuatro elementos: agua, fuego, aire y tierra, los cuales son extensiones de las cuatro estimulaciones de los cuatro aspectos del *Deseo de Recibir*. Las cuatro estimulaciones o inteligencias básicas del *Deseo de Recibir* se conocen por sus nombres codificados: *Jésed* (Misericordia); *Guevurá* (Juicio); *Tiféret* (Belleza); y *Maljut* (Reino).

(*Los Escritos del Arí, El Árbol de la Vida*, Puerta 14, Sección 1).

¿Por qué coloca la Kabbalah tanto énfasis en el deseo? Porque a medida que penetramos en la realidad desde una perspectiva kabbalística, llegamos a la inevitable conclusión que el deseo es la fuerza motivadora del universo físico. En la visión dinámica del mundo de la Kabbalah no hay lugar para la inmovilidad o la sustancia puramente material. Todos los elementos básicos del universo, físicos y metafísicos, están impulsados por el deseo. Tanto si hablamos de la gravedad como del electromagnetismo, el crecimiento orgánico, los terremotos, los patrones climáticos, las acciones del hombre, allí donde miremos vemos manifestaciones del deseo.

El mundo físico es deseo. Todo en la Tierra está gobernado por el deseo. La diferencia entre los seres de un orden superior y los de orden inferior es simplemente que los primeros poseen un mayor *Deseo de Recibir*. Aun el llamado reino inanimado está poseído por el deseo. Si ahondamos en la realidad metafísica de una roca, también encontramos deseo, aunque en menor grado.

Tras haber pasado más de tres milenios explorando la interrelación entre el hombre y su cosmos, los kabbalistas son únicos entre los investigadores celestiales, puesto que proporcionan una descripción unificada de la creación. Desde la Era Dorada de Safed, hace unos cuatro siglos, los kabbalistas han tenido un modelo metafísico totalmente detallado del universo. ¿Cómo desarrollaron una imagen tan radical y al mismo tiempo tan asombrosamente clara del universo?

El mundo real está oculto a la vista tras los velos de la negatividad, los síntomas y las apariencias. Como los kabbalistas anteriores y posteriores a él, Rav Isaac Luria (el Arí), también conocido como "El León de Safed", junto con sus colegas kabbalistas, encontró la respuesta, al menos en parte, en el mapa que nos proporciona el código cósmico conocido como la Biblia.

> "Cuando ustedes entren en la tierra de Canaán...y Yo ponga una marca de lepra sobre una casa en la tierra de su posesión..." (Levítico 14:34). Los Canaítas tenían una conciencia negativa y maligna, y siempre que levantaban un edificio hacían uso y conectaban con fuerzas del mal que merodean aleatoriamente por todo el universo, y hacían que estas fuerzas del mal se expresaran dentro del edificio. Cuando una persona empieza a construir un edificio debe declarar que lo está construyendo en servicio a la Fuerza. El Señor amaba a los Israelitas y los llevó a la Tierra Santa para colocar su Fuerza de energía divina entre ellos y hacer Su morada con ellos, para que Israel fuera completa por encima de todo lo demás. Ahora, cuando las mujeres trajeron artículos para el Tabernáculo solían "especificar para qué parte era cada

uno... Y todas las mujeres cuyo corazón las llenó de sabiduría...". (Éxodo 35:26). Las mujeres con sabiduría entendían el poder de la mente y la actividad humana. Su corazón se llenó de sabiduría y cada cosa conectó con la Fuerza. (El Zóhar, Tazría 27:144-146).

Lo que parece deducirse de la narración bíblica es la relación directa que existe entre la realidad inanimada y su interacción constante en los niveles más sutiles. El kabbalista sabe que todos los acontecimientos en el nivel físico están dirigidos por una energía-inteligencia interna que evoluciona hasta convertirse en aquello que observamos en su forma manifestada.

Aquí reside la diferencia esencial entre la visión del mundo del kabbalista y la del científico. Todas las cosas y todas las personas tienen un nivel de energía-inteligencia y de conciencia, incluida una roca o una mesa. Una mesa habla, así como lo hace la comida. Sentarse a comer en la mesa de un restaurante en la que el ocupante previo desprendió una gran energía negativa hace que la comida se vuelva muy incómoda y uno no sabe nunca por qué. Una casa con vibraciones negativas habla, y puede que haga que el nuevo propietario o inquilino se sienta agitado. La mesa y la casa tienen inteligencia.

Tanto si somos conscientes de su lenguaje intrínseco como si no entendemos el lenguaje de los habitantes inanimados de nuestro universo, éstos revelan mucho de lo que ocurre a nuestro alrededor. El kabbalista o estudiante de Kabbalah sabe que una casa, un apartamento o un negocio que fue corrompido por seres humanos con una conciencia negativa y malvada son lugares de los que uno debe mantenerse alejado. El kabbalista percibirá la inteligencia de estas entidades inanimadas y actuará apropiadamente.

Cada vasija de una estructura inanimada tiene una cierta nota que hace que reverbere más alto que en cualquier otra frecuencia. Rodea suavemente el borde de una copa de vino con un dedo humedecido y encontrarás la armonía resonante de esa vasija. El truco para romper copas de vino es cantar una nota en particular con un volumen determinado para hacer que la copa explote de la fuerza de sus propias vibraciones.

Con respecto al tema de los árboles, y su relación con *Tu BiShvat*, el decimoquinto día del mes lunar de Acuario, debe aclararse que el deseo del reino vegetal, mientras que es sorprendentemente similar al de los animales y al del hombre, no revela una individualidad de conciencia tan pronunciada. Una planta no puede, por y en sí misma, poseer la movilidad inherente en las realidades humanas y animales. Aun así, las plantas, a diferencia de las rocas, reaccionan físicamente al estímulo de la luz solar, el agua, el calor y el frío.

Gran parte de la energía Celestial funciona según sus estrictos ciclos anuales. De acuerdo al decreto de Bet Hilel, el Año Nuevo para los árboles es el decimoquinto día del mes lunar de Acuario. Es en este día cuando el árbol recibe su infusión anual de energía celestial y se revela un milagroso nacimiento y un potencial espectacular para un nuevo crecimiento.

Rosh Hashaná o el Año Nuevo no es meramente una ocasión para desearnos lo mejor para el año siguiente. Tampoco, como muchos piensan, es simplemente una tradición en la que se juzga a toda la humanidad en base a la actividad del año previo. La idea fundamental detrás del código de *Rosh Hashaná* es que en ese día particular del año los cuatro reinos o niveles de conciencia reciben su infusión de la Fuerza. Sin este nuevo préstamo de vida, todas las cuatro fases perecerían.

La energía-conciencia del árbol es de restricción, tal como la Kabbalah describe este término. Cuando la conciencia restrictiva se manifiesta, la energía-inteligencia (sea de un hombre o de un árbol) resiste las limitaciones externas mientras lucha por alcanzar su pleno potencial. El árbol, con su conciencia restrictiva inherente, repele los esfuerzos del *Deseo de Recibir* de la Tierra. A pesar de su conciencia de deseo gravitacional, la Tierra no tiene el poder de restringir o impedir el crecimiento ascendente de un árbol.

Los beneficios del decimoquinto día suceden a través del apareamiento y unificación de la Luna (*Maljut*) con el Sol (*Zeir Anpín*). (El *Zóhar*, *Emor* 24:132-133). El decimoquinto día incorpora una variedad de poderosas energías-inteligencias con las que pueden conectarse aquellos que tengan una actitud adecuada de restricción. Tales energías pueden hacer mucho por promover el bienestar y el éxito de cualquier nuevo emprendimiento o empresa.

La Era de Acuario, una era de unificación y humanidad con nuestro prójimo, contribuirá a un modelo de gran unificación de toda la humanidad. El cosmos y el hombre, lo animado y lo inanimado, dejarán de entenderse como entidades aisladas, sino más bien como elementos integrados. El mes lunar de Acuario personifica un poder de circuito en el que todas las cosas y acontecimientos serán revelados como partes interdependientes e inseparables del todo cósmico.

No es un individuo el que trae "paz a la Tierra y buena voluntad hacia el prójimo". Cuando la conciencia colectiva de toda la humanidad se une, y se logra una conciencia pura de la totalidad intrínseca de la realidad, entonces y solo entonces, esta fuerza, esta conciencia colectiva, se preparará para el ataque final contra el aspecto negativo del deseo: el *Deseo de Recibir Sólo para Uno Mismo*. Sólo entonces el Mesías hará su aparición y dará lugar a la conciencia Mesiánica, la gran unificación de la humanidad.

21. DÍAS DE PODER

¿Por qué algunos días tienen

el poder de la energía positiva y

otros días lo opuesto?

Refirámonos ahora a las influencias cósmicas que controlan nuestras actividades e influencian nuestra vida de una forma cotidiana. ¿Hay algún día en particular de la semana en el que nuestro amigable cielo resuene poderosamente con un futuro exitoso? Sí, declara el *Zóhar*, y ese día es el martes.

Desde el anochecer del lunes hasta la puesta del sol del martes, las energías-inteligencias positivas prevalecen en nuestro cosmos. ¿Por qué el anochecer? La respuesta, según Rav Isaac Luria, se encuentra en el dictamen de la Luz Retornante.

Puesto que el *Deseo de Recibir*, que se había establecido en el Infinito (*Ein Sof*), estaba recibiendo continuamente la bondad infinita de la Fuerza, surgió entre las vasijas (las almas indiferenciadas de la humanidad) una sensación conocida por la Kabbalah como el *Pan de la Vergüenza*. El problema era que las vasijas estaban recibiendo infinitamente la abundancia de la Fuerza pero no podían hacer nada para retribuir la generosidad de la Fuerza, puesto que la Fuerza, al ser completa y no faltarle nada, no tiene *Deseo de Recibir*. Por lo tanto, las vasijas experimentaron *Pan de la Vergüenza* al ser incapaces de ganarse las bendiciones que estaban recibiendo.

Para aliviar esta situación, la Fuerza retiró su bendición de las vasijas, creando una situación en la que donde antes había Luz, ahora las vasijas sólo podían ver oscuridad; y desde aquel día la vasija sólo puede eliminar el *Pan de la Vergüenza* y regresar de nuevo a la Luz si restringe el *Deseo de Recibir*.

Por lo tanto, se estableció la paradoja de los opuestos y el concepto de la Luz Retornante. Tal es la naturaleza de esta paradoja, que con el fin de lograr un flujo de energía y satisfacer el *Deseo de Recibir*, la vasija debe rechazar aquello que más desea. La eliminación del *Pan de la Vergüenza* requiere un rechazo. La vasija, en otras palabras, que no desea otra cosa que recibir la bendición de la Luz, debe rechazar a la Luz.

Cuando nos enfrentamos a opuestos a menudo nos enfocamos en sus diferencias y no en sus afinidades. La idea de una unidad intrínseca de opuestos es ajena a nuestra forma de pensar. Pero desde una perspectiva kabbalística, los dos polos de un imán son meramente aspectos distintos de una misma Fuerza unificada que todo lo abarca. Realmente solo cuando separas dos imanes es que la diferencia entre ellos se hace evidente.

En verdad, la creación de *Zeir Anpín*, la Fuerza de la Luz de nuestro sistema solar, precedió a la de la Luna, o *Maljut*, el reflector. Sin embargo, incluso la luz del sol debe permanecer en estado no revelado hasta que haya una vasija receptora que la refleje o la restrinja. La única luz que podemos ver está reflejada. El espacio exterior es totalmente oscuro. ¿Por qué? Porque no hay nada ahí con lo que pueda interactuar la luz de las estrellas. La luz está ahí, sólo que nosotros no podemos verla. Para que una bombilla de luz brille, el filamento debe rechazar la corriente que es invitada por el polo negativo con el fin de revelar la luz.

Desde aquí, sólo hay un pequeño paso conceptual hasta la idea de que el reflector, la vasija, la Luz Retornante, es en cierto sentido la creadora de nuestro universo terrestre y de todo lo que contiene. La Luz Retornante permitió que la Fuerza se estableciera. Sin la Luz Retornante, la Fuerza permanece en estado no revelado. Por lo tanto, en esencia, la Luz Retornante, al menos desde la perspectiva de nuestro reino físico ilusorio, parece ser la actividad primera y causal, mientras que la Fuerza parece ser la segunda, el efecto.

Para estar conectados con la Fuerza, debemos aprender el arte y el concepto de la Luz Retornante. Esta ley esencial, que funciona tanto en el nivel físico como en el metafísico, surgió del proceso de Creación y permanecerá en su lugar hasta que nuestro ciclo de corrección se haya completado.

Así pues, vemos por qué *Génesis* 1:5 indica que el día empieza en el anochecer y concluye en la puesta de sol del día siguiente: "Y fue la tarde y fue la mañana: un día".

Cada día obedece a la fórmula exacta de la intervención cósmica, el día sigue a la noche; el Sol sigue a la Luna. El código cósmico del *Génesis* nos proporciona un principio firmemente establecido en el proceso de creación. Sin embargo, el código cósmico de la Biblia, que proporciona una descripción detallada de la totalidad de la red celestial, debe ser decodificado (es decir, revelado a través de la resistencia), una tarea encomendada al kabbalista.

El universo físico funciona en orden inverso. Mientras en el nivel de la realidad verdadera la causa precede al efecto, lo positivo precede a lo negativo y el Sol precede a la Luna, en nuestro nivel físico ilusorio de conciencia el efecto precede a la causa, lo negativo precede a lo positivo y la Luna empieza el día seguida por el Sol. Así lo declara el Código Cósmico, sin el cual la Biblia y nuestro universo hubieran permanecido para siempre en estado no revelado.

La visión tan sólo es una de las muchas formas en las que percibimos el mundo, pero los ojos sólo funcionan bajo el principio de la "visión espejo". Todo lo que nos rodea es visto por nuestros ojos de forma opuesta a lo que se ve finalmente, de la misma forma que la palabra "AMBULANCIA" está escrita al revés en la parte frontal del vehículo así rotulado. Un conductor que mira a través del espejo retrovisor lee la palabra "AMBULANCIA" correctamente, de izquierda a derecha, aunque esté escrita de derecha a izquierda. Algo similar ocurre con respecto a nuestras percepciones del mundo.

La Luna, según el *Zóhar*, representa el aspecto femenino de la conciencia, el Sol el masculino. La Luna no tiene luz propia, sólo la que recibe del Sol. Al mismo tiempo, la actividad cósmica de cada día empieza con la aparición de la noche, o la Luna. Se puede comparar con la unión de un hombre y una mujer. El primer acto en el proceso de la creación de un hijo es la liberación del esperma por parte del hombre. Sin embargo, la revelación de la unión, el hijo, la lleva a cabo la mujer.

Las tradiciones esotéricas y místicas que rodean al Tercer Día de la Creación abundan en interpretaciones y relatos. La idea del martes, que es sinónimo del Tercer Día bíblico de la Creación, el cual representa la gracia del Señor, ha formado parte de nuestra herencia durante mucho tiempo. Muchas personas se mudarán a una nueva casa o empezarán una nueva empresa el martes. La razón por la cual esta tradición sigue estando aferrada místicamente a sus creyentes se suele atribuir a la repetición de la siguiente declaración: "Y vio el Señor que era bueno". (*Génesis* 1:10-12).

Esta afirmación de las bendiciones del Señor fue declarada una vez en el Primer Día, dos veces en el Tercer Día, una vez en el Cuarto Día, una vez en el Quinto Día y dos veces en el Sexto Día. Esta afirmación no se hizo en el Segundo Día. La pregunta que debe plantearse es: ¿por qué el Señor declaró el martes como un buen día, y reiteró esta afirmación no una vez sino dos?

El tercer día fue forjado de dos dimensiones, la Columna Derecha y la Columna Izquierda. El Señor, en el Tercer Día, se refirió a la Columna Derecha como "buena". El Tercer Día (martes) también está infundido con el poder cósmico de la restricción, que es la dimensión de la Columna Central. La energía-inteligencia de la Columna Central crea unificación entre las Columnas Derecha e Izquierda, cuyas energías-inteligencias están constantemente en oposición. Pero los martes, las energías-inteligencias de la Derecha y la Izquierda, de lo positivo y lo negativo, se manifestaron con Luz y brillo intencionales. (El Zóhar, Bereshit A 6:61).

Con una perspectiva *Zohárica* de la Creación bíblica, todo el *Génesis* toma un nuevo significado. Cada día de la Creación revela una nueva dimensión o marco de energía inteligencia.

En el mundo occidental, nuestra primera exposición a la cuestión de por qué y cómo se originó la vida a menudo nos llega a través del relato bíblico del *Génesis*. Sin embargo, la versión del *Génesis* de la creación del universo en siete días es vaga con respecto a lo que sucedió realmente. El *Zóhar* afirma repetidamente que la Biblia es un código cósmico. La interpretación *Zohárica* y por lo tanto kabbalística de la Creación emerge de relatos bíblicos aparentemente insignificantes.

Según el código cósmico, el martes emerge como el día más poderosamente equilibrado de la semana. Un día perfecto para una boda o para trasladarse a una nueva casa o apartamento. Ningún otro día puede proporcionar un paso inicial con mayor enfoque que el martes, que es sinónimo del Tercer Día de Creación. Si *Lag BaOmer*, o el decimoquinto día de *Av*, o el decimoquinto día de cualquier mes lunar, cae en un martes, esto aumenta todavía más la energía-inteligencia celestial positiva del día. Sin embargo, debo advertir al lector que la influencia cósmica de un día determinado, ya sea un martes o cualquier otro, no es suficiente para vencer a las energías cósmicas negativas más poderosas.

No te dejes convencer por el cirujano de que te opere un día conectado con nuestras zonas de peligro. En todos los años que he estado asociado con el Centro, entre miles de casos, nunca he visto una ocasión en la que un médico no pudiera cambiar una fecha, o un abogado involucrado en un nuevo proyecto estuviera también disponible otro día.

Cuando nos hayamos convencido de la efectividad de las influencias celestes, cuando seamos uno con el cosmos y su actividad, se vuelve obvio y verdaderamente asombroso cómo nuestra mente y nuestra conciencia afectan a nuestro entorno, y esto incluye a nuestro médico y nuestro abogado.

Ya se ha mencionado que debemos evitar los lunes y los miércoles, a menos que un acontecimiento cósmico más poderoso tenga lugar en uno de estos días. Con respecto al domingo, el jueves y el viernes, la afirmación "y era bueno" indica que si por cualquier motivo el martes no está disponible para iniciar nuestra nueva empresa, entonces estos tres días pueden considerarse marcos cósmicos adecuados.

La energía-inteligencia negativa se expresa como un *Deseo de Recibir*, la positiva como un *Deseo de Compartir*. Los dos se unen a través de la transformación de la Columna Central de restricción. (El *Zóhar*, *Bereshit A* 6:44-45). Compartir requiere restricción. Aun la doctrina de compartir o dar caridad tiene sus limitaciones. En su Código de la Ley, Rav Yosef Karo afirma que mientras que el diez por ciento de las ganancias debe ser destinado a caridad, uno no puede contribuir sin límites. Ese límite, declara Rav Karo, es el veinte por ciento. Cualquier contribución que sobrepase este límite es un "abuso" de energía-inteligencia. (*Shulján Aruj*, Rav Yosef Karo, 249:1).

El Día Uno bíblico, sinónimo del domingo, describe un universo en el que todas las manifestaciones, físicas y metafísicas, están entrelazadas en una red de relaciones interconectadas, cada una a parte de la otra y sin embargo todas forman parte de la unidad que todo lo abarca. El Día Uno combina las siete fuerzas de energía inteligente en un todo unificado, y estos siete días son expresiones codificadas de las Siete Sefirot o fuerzas de energía inferiores. El Día Uno describe el universo tal como estaba en un todo unificado, antes de la llegada del espacio-tiempo. He aquí la razón de la simple declaración "y era bueno".

Antes del inicio existía una única expresión unificada, de la misma forma que una semilla contiene la raíz, las ramas y las hojas de un árbol. Esta es la naturaleza del Día Uno. Por lo tanto, se ha argumentado que puesto que el Día Uno contiene en sí mismo todas las energías futuras, incluido el Día Tres, es el domingo y no el martes el día más apropiado para iniciar nuevos proyectos.

En relación a esto, el *Zóhar* declara: "El Tercer Día de la Creación es el nombre codificado para la energía-inteligencia Sefirótica de Tiféret. La *Sefirá Tiféret* encapsula el dominio de la Tercera Columna sobre las otras dos energías-inteligencias. (*Génesis* 1:5). La Tierra y todo su marco físico comenzó su existencia en el tercer día de existencia, que está simbolizado por el *Sefirá Tiféret*". (El *Zóhar, Bereshit A* 5:36-37).

El universo físico dio origen a su existencia cuando la tercera fuerza, el principio mediador de restricción conocido en la Kabbalah como la Tercera Columna, empezó a existir. Consecuentemente, el código bíblico afirma la revelación dinámica y física de la creación de la Tierra con una expresión dual de "y era bueno", que indica el martes, la personificación del asombroso poder del circuito, la Fuerza. Ciertamente, el Tercer Día era bueno. Por lo tanto, el Día Uno le sigue al Tercer y Sexto Día en importancia como canales para el asombroso poder del cosmos.

El *Zóhar* proporciona una pista de una interpretación de los días de la semana y su influencia cósmica.

"Y el Señor vio todo lo que había hecho; y he aquí que era muy bueno". (*Génesis* 1:31). Aquí la palabra "muy" establecen una buena razón de por qué las palabras "y era bueno" fueron omitidas en el Segundo Día. En el Segundo Día se creó la muerte. Pero según nuestros colegas, la expresión "muy bueno" en el Sexto Día también se refiere a la muerte. (El *Zóhar*, *Bereshit B* 42:173).

"He aquí que era muy bueno" (*Génesis* 1:31) incluía también al Ángel de la Muerte. ¿Cómo puede ser que el Sexto Día (Viernes), el día en que el Ángel de la Muerte fue creado, se considere bueno? Aquí yace el misterio de los misterios. El Ángel de la Muerte es ciertamente bueno: "Porque, puesto que todos los hombres saben que un día han de morir, muchos recurren al arrepentimiento por miedo a él ante el Señor". (El *Zóhar*, *Terumá*, 40:432).

Puesto que el hombre y la mujer fueron creados en el Sexto Día (*Génesis* 1:27-31) el Ángel de la Muerte sirve un valioso propósito. En el Segundo Día, cuando fue creada la Muerte, lo masculino y lo femenino todavía no estaban presentes. La Muerte, en este Segundo Día, simbolizaba un aspecto, una energía-inteligencia cósmica interna de negatividad. Sin embargo, el sexto día contiene una afirmación: "Y el Señor vio que era bueno". ¿Por qué? El *Zóhar*, en *Terumá* 40:233 declara: "Cuando el Señor creó el mundo, todo estaba preparado para la llegada del Hombre, que es el rey de este mundo. El Hombre fue creado para transitar el camino de la rectitud", tal como está escrito: "Que el Señor hizo rectos a los hombres, pero ellos buscaron muchas artimañas". (*Eclesiastés* 7:29).

El Sexto Día fue coronado con el propósito fundamental de la Creación: la humanidad. Un día de propósito y de la gloria suprema de la Fuerza, que infundió a este día una influencia energía-inteligencia positiva de "bueno". Otra razón de que el Día Seis reciba este atributo de "bueno" yace en su posición dentro de la Estrella de David (*Maguen David*). Cada día fue imbuido con una fuerza de energía específica. El Sexto Día era la *Sefirá* de *Yesod* (Fundamento / base). Como tal, ella ejercía la misma influencia cósmica que el Día Tres, con una excepción. La posición codificada del Día Tres estaba contenida en la Triada Superior, conocida como el Árbol de la Vida o el reino metafísico de la conciencia cósmica. El Día Seis estaba relacionado con la Triada Inferior de la conciencia, localizada en la dimensión del Árbol del Conocimiento.

Mientras que el Día Tres y el Día Seis estaban ambos infundidos con la energía-inteligencia de la Columna Central, aun así el Día Tres contenía una forma de conciencia más purificada. Situada dentro de la Triada Superior de la Estrella de David, ésta expresaba y manifestaba un grado mayor de conciencia pura y de expresión cósmica positiva.

Los dos días aun por considerar son el domingo y el jueves. Si no hay otra opción disponible, ¿qué día considera el *Zóhar* como preferible? Antes de llegar al ingrediente esencial de la fuerza de estos dos días, consideremos este fragmento del *Zóhar*:

La palabra Bereshit *(Génesis) apunta a una explicación esotérica,* Bara Shit *(Él creó seis). Desde el final del Cielo hasta el final de éste. Estas seis Sefirot (energías-inteligencias) son Jésed, Guevurá, Tiféret, Nétsaj, Hod, Yesod y Maljut; la Tierra es la séptima Sefirá. (El* Zóhar,Bereshit B, 8:28*).*

Así pues, cada día representa una energía-inteligencia en particular. El Día Uno simboliza el poder de la Sefirá de Jésed. Las dos fuerzas fundamentales y aparentemente opuestas, que se manifiestan de formas innumerables, incluida la aparente atracción y repulsión de los polos de un imán, no son en realidad fuerzas distintas, sino que en Jésed están unificadas y se manifiestan como un todo integrador.

El *Zóhar* dice lo siguiente:

"El Señor vio que la Luz era buena" (Génesis 1:4). Esta es la Columna Central. Ki Tov (que era bueno) equilibraba Arriba y Abajo y en todos los otros lados. El poder de la restricción restaura las dos fuerzas opuestas en un todo cósmico. (El Zóhar, Bereshit A 5:36).

Lo que parece deducirse del *Zóhar* es que la energía-inteligencia de la Columna Central se manifestó el primer día, estableciendo un equilibrio entre lo positivo y lo negativo. Por lo tanto, el domingo es un día cósmicamente equilibrado y "bueno". Sin embargo, a diferencia del martes, las dos fuerzas opuestas no estaban individualmente infundidas por la energía-inteligencia de la Columna Central. Estaban meramente colocadas en una posición de un todo cósmico unificado y por lo tanto eran referidas con una aserción: "que era bueno". En el Día Uno, las dos fuerzas opuestas estaban colocadas en un estado de equilibrio potencial, todavía no manifestadas. Formaban parte de y estaban dominadas por la energía-inteligencia de la Columna Central.

Aunque el mundo metafísico parece estar desapegado del mundo físico, no hay un requerimiento lógico para que permanezcan separados. Todos los aspectos de la existencia física son meramente los mensajeros del ámbito de la realidad de los marcos de expresión potenciales y metafísicos. En esta crítica Era de Acuario, nos beneficiará enormemente ser plenamente conscientes de la dinámica de las influencias cósmicas. Pues cuando estamos convencidos de la efectividad de las influencias celestiales, cuando somos uno con el cosmos y su actividad, se vuelve obvio cuán verdaderamente asombrosa es nuestra capacidad para afectar a nuestro entorno a través de nuestra conciencia.

22. DÍA CINCO: LA FUERZA DE SANACIÓN

¿Por qué el Día Cinco (jueves) se considera una oportunidad para la autosanación?

El kabbalista busca separar lo incorrecto de lo correcto, lo fraudulento de lo verdadero, no es una tarea fácil en esta era de síntomas, falsas apariencias y segundas intenciones. Uno de los propósitos principales de estudiar la Kabbalah es salirnos de los marcos limitados de referencia. Siguiendo los pasos de una vieja doctrina kabbalística que dice que la luz precede a la oscuridad, el *Zóhar* nos presenta una proposición sorprendente: que el proceso de sanación precede a la enfermedad.

Aquí encontramos de nuevo la revelación kabbalística de que nuestro universo funciona con una lógica inversa. Que nosotros no somos los iniciadores de nuestras acciones, sino canales para la acción que necesita ser revelada, es algo que va en contra de todo lo que nos han hecho creer. Sin embargo, este extraño concepto, que nos lleva a la idea de que la cura existe previamente a la enfermedad, está entrelazado en el tejido mismo de las enseñanzas kabbalísticas. No es una coincidencia que a menudo, junto a la hiedra venenosa, pueda encontrarse su antídoto, la *Impatiens capensis.*

Para lograr un mejor entendimiento de este concepto y de cómo está relacionado con el tema que estamos tratando, exploremos la declaración codificada relativa al Quinto Día, "era bueno". (*Génesis* 1:21). Un punto de partida apropiado para nuestra investigación es la información codificada que proporciona la palabra *tov*, que significa bueno. Para esto debemos apelar al aspecto profundo del alfabeto hebreo que describe cómo se manifiestan las energías-inteligencias, cómo impregnan el espacio, y su papel crucial en los cuatro reinos. (*Entrada al Zóhar*, Rav Áshlag).

> *La palabra tov (bueno) es un nombre codificado para la Fuerza cuando Ésta se manifiesta en los Tres Niveles o Columnas de expresión, Izquierda, Derecha y Central. Las letras Tet* ט*, Vav* ו *y Bet* ב *en la palabra tov* טוב *engloban a la Fuerza en todos sus niveles. El Mundo Superior, conocido por su nombre codificado Yisrael Savá VeTevuná, está representado por la letra Tet. La letra Vav representa la conciencia codificada de Zeir Anpín. La letra Bet personifica las fases Superior e Inferior de Maljut, el Mundo de la Acción. (El Zóhar, Prólogo 6:37). Juntas, estas tres letras son expresiones del Sefirá de Yesod (Fundamento). (El Zóhar, Bereshit A 32:324-326).*

El Quinto Día es la energía-inteligencia codificada de la Sefirá de la conciencia de Hod, que personifica el aspecto de la Columna Central del todo unificado omnímodo. La interpretación *Zohárica* de tov (bueno) revela que el atributo mediador, la Columna Central, no es aparentemente funcional dentro de la conciencia de *Hod*. Ciertamente, los Días Primero, Tercero y Sexto, en los cuales se expresó la energía-inteligencia de las Tres Columnas unificadas, merecen la denominación de *tov*. ¿Pero por qué el Quinto Día merece también el atributo de "era bueno"?

La interpretación *Zohárica* de *Génesis* 1 nos presenta la revelación de que el día cinco dio nacimiento a la energía-inteligencia de la sanación. Esto se debe al conocimiento con antelación de que el hombre, creado en el día seis, cometería ofensas contra la Fuerza. En el momento de la Creación, la Fuerza estaría obligada a retirarse del hombre y por lo tanto a ocasionar una carencia de flujo de energía positiva. Sin embargo, como la Fuerza es omnipresente, una cura estaría siempre presente dentro del cosmos, aun con antelación a la actividad negativa del hombre, y permanecería en su lugar, independientemente de si el hombre era consciente o no de ésta. (El *Zóhar*, *Prólogo* Cap. 12).

La energía-inteligencia de la Columna Izquierda desea consistentemente cancelar la de la Columna Derecha. La Columna Derecha precedió a la Columna Izquierda en el proceso creativo. (El *Zóhar*, *Bereshit A* 6:44). Por lo tanto, su energía-inteligencia desea cancelar la fuerza de la energía-inteligencia negativa y dominarla permanentemente, según el mismo principio que gobierna la semilla, la raíz y la rama.

Un examen Zohárico del plan maestro de la Creación revela muchas discrepancias, una de las cuales es la creación de los pájaros y de las bestias en el Día Cinco y su repetición en el segundo relato bíblico en *Génesis*, Capítulo 2. La razón de esto es simplemente que el primer relato bíblico de la Creación representa a la Creación cuando todavía estaba en un estado potencial; el segundo se refiere al mundo físico.

En Génesis, Capítulo 1, leemos: "Llénense las aguas de multitudes de seres vivientes, y vuelen las aves sobre la Tierra en la abierta expansión de los Cielos". (Génesis 1:20). El profeta kabbalista, Rav Shimón, nos dice que esto es una alusión mística. "Aves" se refiere al ángel Mijael.

"Vuelen" se refiere al ángel Gabriel, de quien está escrito: "Gabriel, el hombre a quien había visto al principio en la visión, siendo hecho volar con presteza". (Daniel 9:21). Con respecto a la frase "sobre la Tierra", Rav Aba dice: "esto es Rafael (sanador de la Fuerza), quien está a cargo de sanar la Tierra para proveer y dar morada al hombre, a quien cura de sus enfermedades". (El Zóhar, Bereshit B 40:165-166).

En el orden místico de la sanación Zohárica encontramos una elaboración más profunda de este tema:

"Desde el este viene otra Luz que contiene todas las formas y los aspectos de sanación que encarnan la Fuerza y siempre se presenta para cumplir los deseos de la Fuerza con antelación a la enfermedad que más tarde se manifiesta. El deseo de la Fuerza está en un estado constante de compartir y sanar. El nombre de esta Luz es Rafael. (El Zóhar, Pekudei 51:660).

La Fuerza, aunque voluntariamente marginada por el dictamen del Pan de la Vergüenza, es restaurada a través de la energía-inteligencia de Rafael, que se adhiere a la Fuerza. La conciencia de Rafael rodea a la Fuerza y actúa como un mecanismo de canalización, al mismo tiempo que oculta su energía-inteligencia interna, la Fuerza. El propósito de la conciencia de Rafael es restaurar la Fuerza a su posición apropiada exaltada dentro del cosmos. La idea detrás de este procedimiento cósmico es llamada el proceso de *tikún* (corrección). La Oscuridad reconoce a la Luz como su sustento. Como tal, las fuerzas de la oscuridad aguardan a la espera del momento en el que la humanidad cometa ofensas los unos contra los otros y aprovecha inmediatamente la oportunidad de extraer poder para su propio sustento.

La conciencia de Rafael está continuamente preparada para confrontar las fuerzas de la oscuridad, las cuales incluyen enfermedades tanto universales como individuales, pero debe esperar a ser activada por la restricción del hombre. Nosotros y sólo nosotros controlamos el interruptor de la energía de sanación de Rafael. El mecanismo activador permanece bajo control del misterio humano del poder restrictivo.

Como sucede con todo lo que hay en el texto codificado de la Biblia, el mensaje central está empaquetado con otros. Observa la primera tarea asignada a Adán en el Jardín del Edén: "Y el Señor formó de la tierra todo animal del campo y toda ave del cielo, y los trajo al hombre para ver cómo los llamaría. Como Adán llamó a cada ser viviente, ése fue su nombre". (*Génesis* 2.19).

El ejercicio fue diseñado para lograr mucho más que mantener a Adán ocupado y protegerlo del aburrimiento. De todos los miedos que atormentan a la humanidad, ninguno es más aterrador que el miedo a lo desconocido, porque lo que es desconocido no puede ser evitado ni controlado. Al nombrar las criaturas de un mundo recientemente formado, Adán se convirtió en el dueño de su entorno. Él no era el último de su linaje en hacer uso del poder de un nombre. Según el *Zóhar*, Adán fue el primer y el único humano en el momento de la creación con la capacidad de controlar el vasto universo.

Cuando un hombre elige no hacer restricción permanece en un mundo de oscuridad e ilusión. La Fuerza que nunca cesa de fluir se transfiere a las zonas cósmicas negativas y consecuentemente contamina el entorno inmediato del transgresor. Las ofensas del hombre llevan al cosmos a un estado de desequilibrio galáctico.

El Señor, o la Fuerza, sólo tiene un deseo, que es infundir en el cosmos, incluido el hombre, la energía positiva necesaria para mantener el equilibrio y la estabilidad. Sin embargo, debido al *Pan de la Vergüenza*, la Fuerza, por necesidad, aparentemente se retiró. La Luz, en su infinita sabiduría, se oculta a sí misma para darnos la oportunidad de hacer restricción y eliminar el *Pan de la Vergüenza*.

La Fuerza nunca descansa. Siempre está empujándonos hacia la culminación del proceso cósmico, la nueva revelación de la Fuerza: el tikún. Cuando el hombre peca sucumbiendo al *Deseo de Recibir Sólo Para Sí Mismo*, aun así el *Deseo de Recibir* ha atraído la energía de la Fuerza. Cuando la humanidad desea, la Fuerza siempre lo realiza. Sin embargo, si el deseo del hombre no incluye el filamento, la obligación de hacer restricción con el fin de aliviar el *Pan de la Vergüenza*, la Luz no se revela, y el vacío se llena de klipot o energías-inteligencias malignas. Por lo tanto, la actividad humana tiene el potencial de proporcionar sustento para el cosmos o de perturbarlo.

El polo negativo de una bombilla está unido con su contraparte positiva a través del filamento. El filamento proporciona la energía-inteligencia restrictiva necesaria para un circuito de flujo de energía. Cuando y si el filamento no logra funcionar, el resultado será un cortocircuito.

De forma similar, el hombre debe mantener una actividad de restricción, una conciencia de Columna Central para retener un circuito de flujo de energía. De otra forma, el flujo de energía se detiene y el hombre se consume. Pero, en el momento en el que falla el filamento, ¿dónde ha ido la corriente eléctrica atraída por la bombilla de luz? El polo negativo ha atraído corriente. ¿Dónde está esa corriente? Se ha transferido a las zonas cósmicas negativas representadas por los puntos negros que aparecen en el momento en que falla el filamento. A diferencia del hombre, cuya actividad afecta al universo entero, la bombilla de luz y todas las entidades incluidas dentro de los otros tres reinos no ejercen influencia ni causan un efecto cuántico. (*Entrada al Árbol de la Vida*, Rav Áshlag, Págs. 54-58).

Los Mandamientos y requerimientos bíblicos son vistos por el kabbalista como algo más que el mero marco de la religión o la tradición. Son considerados por su relevancia e importancia cósmica. La Biblia trata sobre el impacto de la penetrante fuerza del Señor en su camino hacia la expresión física.

Considera la siguiente prohibición bíblica: "No robarás". Aquí, el principio kabbalístico que dice que el deseo es la raíz de toda corrupción queda muy claro. Si embargo, el deseo, por y en sí mismo, no es una maldición pecaminosa. También es la fuente de toda corrección. Pocos condenarían a un hombre que robara una tajada de pan, si ésta fuera necesaria para salvarlo de la inanición. El deseo de alimentar a la propia familia ciertamente no es maligno, aunque uno tenga el pensamiento de robar para poder hacerlo. Uno no es juzgado por sus malos pensamientos. ¿Quiénes somos nosotros, que nunca hemos conocido estas circunstancias, para juzgarlo? Esta idea es expresada de forma brillante por Hilel, el Sabio del *Talmud*. (*Talmud Babilónico*, *Pirkei Avot*, Cap. 2, Pág. 5).

¿Cuál es entonces el verdadero significado de este precepto? Un buen punto de partida para nuestra investigación es la palabra hebrea que da nombre a este proceso cósmico, que es *averot* (pecado). El significado de la raíz de esta denominación para el pecado es "transferir". ¿Cómo reconciliamos la palabra "transferir" con la doctrina del Pecado?

Cuando un hombre sucumbe al aspecto negativo del deseo y roba para servir a un fin codicioso, oscurece y contamina sus zonas cósmicas. De esta forma, la Fuerza se transfiere y el resultado es un cortocircuito. Sin embargo, si el hombre está motivado por el aspecto positivo del deseo no hay transferencia y la Fuerza permanece con él.

Consecuentemente el pecado no es una transgresión, puesto que la transferencia de la Fuerza y el castigo no son algo que inflige el Señor, sino más bien nuestro fracaso a la hora de aplicar la restricción. Por supuesto, uno no debe robar. El crimen, a largo plazo, realmente no paga. Pero la razón de no robar no debe ser meramente el miedo al castigo o al encarcelamiento. La razón de no robar es simplemente que la deuda a largo plazo es mucho mayor que las ganancias ilusorias a corto plazo.

La religión, tal como convencionalmente se malinterpreta, hace poco por aliviar los problemas de la vida cotidiana. De hecho, si algo hace es ser un obstáculo en el camino hacia la espiritualidad. con esto en mente, parece lógico pensar que la religión tendría que ser ampliamente percibida como un impedimento inútil hacia el logro de los objetivos y los ideales de una persona.

Las leyes y los mandatos morales y éticos son formas en las que buscamos remediar el problema de la codicia, pero las leyes, por muy estrictamente que se impongan, no impiden que haya crimen. Los mandatos morales y éticos, por muy nobles que sean sus intenciones, tampoco son efectivos a la hora de apaciguar la inclinación codiciosa del hombre. Tomado literalmente, aun la eficacia de los Diez Mandamientos debe ser cuestionada con respecto a los resultados que se le atribuyen, si es que hay alguno, sobre las acciones de la raza humana. El hombre sigue mintiendo, robando, engañando y matando. En los tres milenios en los que los Diez Mandamientos han estado con nosotros, la codicia, el asesinato y la avaricia no han disminuido ni un ápice. En todo caso han aumentado. Parece no haber límites a la inhumanidad del hombre hacia el hombre. Pocos están bendecidos con una clara conciencia; tan solo unos cuantos benditos.

¿Por qué algunos de nosotros estamos cumpliendo sentencias de vida en una especie de purgatorio autoimpuesto, mientras que otros parecen vagar en libertad? La respuesta simple es que algunas personas viven dentro de un contexto circular. esto significa que han logrado transformar el *Deseo de Recibir Sólo para Uno Mismo* en *Deseo de Recibir con el propósito de compartir*, mientras que otros no lo han logrado.

Nacemos con un mapa metafísico establecido en vidas previas. Este mapa o rayos X kármicos incluye enfermedades, así como el poder de curar esas enfermedades. Ese poder es la restricción. Cuando los radiólogos reportan lecturas positivas en sus rayos X, lo que detectan son los puntos oscuros, negros o borrosos. Estos puntos representan la Fuerza transferida a una zona de peligro dentro del cuerpo. Todas las disfunciones médicas internas son el resultado directo de un cortocircuito en el cuerpo. A través de la aplicación del filamento humano, la restricción, la fuerza de sanación de la energía-inteligencia de Rafael corta esa parte de nuestros rayos X metafísicos que incorpora todas las formas de oscuridad. Esto puede incluir un accidente, una enfermedad o cualquier otra negatividad almacenada en nuestras zonas cósmicas de peligro.

La mayoría de nosotros vivimos en una conciencia robótica que nos impide establecer contacto con el mañana. El único espacio para el libre albedrío, nuestra única oportunidad de participar en nuestro futuro es el alcance de nuestra capacidad para restringir el aspecto negativo del deseo. Con la restricción, activamos el mecanismo cósmico unidor que puede alterar nuestro futuro y proporcionar un escudo de seguridad que elimine la película ya determinada e iniciada por nuestra encarnación previa. El futuro está aquí hoy.

Mientras que la Fuerza, gobernada por la doctrina del *Pan de la Vergüenza*, no debe invadir nuestro espacio, aun así el breve contacto que hacemos con nuestro *Deseo de Recibir* y nuestra incapacidad para activar nuestro filamento humano crea cortocircuitos. Este momento de oscuridad de una vida previa debe atravesar el proceso de *tikún* en una vida futura. *Eclesiastés* 1:4 afirma: "Una generación va y otra generación viene, pero la Tierra permanece para siempre". El *Zóhar* nos dice que este verso significa que la generación que ha fallecido es la misma generación que viene a reemplazarla. Encontramos otra clave en *Éxodo* 20:5, donde dice: "Los pecados de los padres son recordados sobre los hijos hasta la tercera y cuarta generación". La cuestión de si somos los maestros de nuestro destino y por lo tanto activamos "conscientemente" nuestro filamento o si caemos bajo el mando severo de la "conciencia robótica" está determinada por las actividades en vidas previas.

Lamentablemente, durante largo tiempo, la profundización en este reino misterioso de sanación ha sido dejada en las manos de unos pocos iniciados kabbalistas. En nuestra Era de Acuario, el poder del alfabeto hebreo se ha convertido en un campo de interés para la gente. Como tal, el Día Cinco cobra ahora una mayor importancia. La humanidad puede ahora mirar adelante hacia un futuro de autosanación. La Biblia proporciona el código. Junto con el *Zóhar*, la Kabbalah proporciona los medios para descifrarlo.

Mientras que otros días proporcionan un flujo continuo de influencia cósmica, el Día Cinco debe esperar la iniciativa de la humanidad. Sólo a través de la restricción del hombre puede hacerse realidad la unión entre la Fuerza y la conciencia de Rafael. Así pues, asume su posición como el día menos favorable de la semana para iniciar una nueva empresa o emprendimiento.

El Día Cinco es único entre los días del "cielo amable", puesto que no proporciona una canalización espontánea del asombroso poder de la Fuerza. Más bien, combina y personifica únicamente el poder potencial de la fuerza.

El resto depende de nosotros.

23. IMMORTALIDAD

¿Cuál es la naturaleza

de la condición de la inmortalidad?

La característica más importante de la visión kabbalística del cosmos —podríamos casi decir que la esencia del mismo— es la conciencia de la interrelación mutua entre la influencia cósmica y el bienestar individual. Desde la perspectiva del kabbalista, todas las cosas y los acontecimientos son vistos como expresiones distintas de la misma realidad fundamental.

La Kabbalah encuentra sus raíces en Moisés, y a él debe su existencia. Las primeras verdades que dedujo el kabbalista tienen que ver con las fuerzas en el universo que pueden tanto ayudar como aniquilar a la humanidad.

"Moisés vio a un egipcio golpeando a un hebreo... Entonces miró alrededor". (Éxodo 2:11-12).

El Zóhar decodifica estos versos de la siguiente manera:

"Moisés miró las cincuenta letras (Kriat Shemá), a través de las cuales los Israelitas proclaman la unidad cósmica que todo lo abarca. Él percibió mediante una conciencia elevada que nunca nacería nada bueno del egipcio, y así

Moisés lo mató. Moisés ocasionó la muerte del egipcio a través del poder de la fuerza cósmica, meramente mirándole a los ojos". (El Zóhar, Shemot 23:207).

Moisés dio la energía mística de la Biblia al mundo. A pesar de los numerosos obstáculos, él nunca vaciló y siempre perseveró. Fue Moisés quien transformó a una horda de esclavos en una nación con la habilidad potencial del asegurar la paz y la armonía en el mundo. La Biblia da testimonio de su poder único, cuando el Señor declara: "Oigan ahora Mis palabras: 'Mi siervo Moisés es confiable en toda Mi casa. Boca a boca hablo con él, no en dichos oscuros'". (*Números* 12:6-8).

La visión *Zohárica* de nuestro universo trasciende y ocupa un marco más allá del tiempo y el espacio. La visión kabbalística de la realidad está basada en una percepción profunda de las narraciones y los relatos codificados de la Biblia. Enfatiza el sistema energía-inteligente al cual se refiere la Biblia como el Árbol de la Vida. (*Entrada al Árbol de la Vida*, Rav Áshlag, Págs.88-101).

¿Murió Moisés? La Biblia dice: "Y el Señor lo enterró en el valle, en la tierra de Moab, frente a Bet Peor; pero nadie sabe hasta hoy el lugar de su sepultura". (*Deuteronomio* 34:6). Sin embargo, el *Zóhar* afirma: "Por muy increíble que parezca, Moisés no murió". Su vínculo cósmico con la realidad del Árbol de la Vida nunca se rompió, como sucedió con los Israelitas después del Becerro de Oro. (*Éxodo*, capítulo 32). Si los Israelitas no hubieran pecado, la conexión cósmica con el Árbol de la Vida se hubiera mantenido eternamente, y sus días en la tierra se hubieran prolongado para siempre.

"Rav Elazar dijo: 'El Señor restablecerá un día el mundo y fortalecerá el espíritu de los hijos de los hombres para que prolonguen sus días para siempre'. Tal como está escrito: 'Porque como los días de un árbol, así serán los días de Mi pueblo...'". (Isaías 65:22).

Según el *Zóhar*, Moisés fue "recogido" de este mundo y ocasionó que la Luna brillara en la forma de Joshua, quien representaba la Luna. Moisés era como el Sol, que después de ponerse continua dando luz a la Luna. El cuerpo de Moisés fue transportado al Cielo y no fue visto después de su muerte. Moisés, junto con Elías el profeta, fue visto de nuevo vivo cuando ambos aparecieron ante Rav Shimón Bar Yojái y su hijo Rav Elazar en la cueva de Pequiín, donde tuvo lugar la revelación del *Zóhar*. (El *Zóhar*, *Vayelej* 2:5).

Se dice en el *Tikunei Zóhar* que un día Rav Shimón recibió dos veces la visita del profeta Elías. Las secciones más profundas y exhaustivas, conocidas como *Raya Mahemná* (el pastor fiel) son un registro de las discusiones que tuvieron lugar entre Rav Shimón y el mismo Moisés. Según los antiguos, estas reuniones tuvieron lugar cientos de años después de su partida de la Tierra. Se dice que una nube o carroza estaba continuamente con ellos para su regreso a la Tierra o su viaje al espacio exterior. Ellos no murieron, sino que permanecieron como el Sol, que después de ponerse no se extingue, sino que continua dando luz a la Luna. Los individuos justos, según la Biblia y el *Zóhar*, han sido siempre fundamentales para ayudar a la humanidad. El asombroso poder de Moisés estará siempre con nosotros y disponible para el beneficio de la humanidad.

¿Cuál es el significado de la comparación *Zohárica* de Moisés con el Sol?

Como el Sol, que al ponerse deja de aparecer en los cielos, la energía-inteligencia que es Moisés también crea este tipo de ilusión. Mientras el Sol continua mostrando su beneficencia eterna en algún sitio, la energía que una vez se manifestó como Moisés hace sentir su presencia sin interrupción. Como el Sol, donde la ilusión de su puesta puede ser contrarrestada por un avión que siga su camino alrededor del mundo, nosotros también podemos mantener una conexión espiritual continua con Moisés a través de una demostración ininterrumpida de una conciencia de restricción.

Encontramos la demostración de esta conciencia de Moisés y su canalización de la Fuerza en muchas áreas de las enseñanzas kabbalísticas, la más famosa de las cuales está relacionada con la Festividad de Purim y con el malvado Hamán, ministro jefe del rey persa Ajashverosh.

> *"Y era sabido que Hamán, el malvado, era un gran astrólogo, tal como se indica en el verso: 'En el primer mes, que es el mes de Nisán (Aries) en el duodécimo año del rey Ajashverosh, Hamán hizo una carta astral de día a día, y de mes a mes, hasta el duodécimo mes, que es el mes de Adar (Piscis)'". (Libro de Esther 3:7).*

Cuando determinó que la carta de Moisés caía en el mes de Adar, Hamán se regocijó enormemente, exclamando: "¡La carta ha caído para mí en el mes en que murió Moisés!". Sin embargo, él no sabía que aunque Moisés murió el séptimo día de *Adar*, también nació en ese día. (*Talmud Babilónico*, Tratado *Meguilá*, Pág. 13b).

Según Rav Isaac Luria (el Arí), la carta astrológica de las estrellas era un señal para Hamán sobre el logro de su malvado objetivo. (*Los Escritos del Arí, Puerta de la Meditación*, Pág.329). Por lo tanto, en el séptimo día del mes lunar de *Adar* (Piscis), este día reflejaba una señal malvada para Israel, el día en que murió Moisés. Sin embargo, lo que Hamán y la astrología convencional no fueron capaces de ver es que mientras una persona tan justa como Moisés abandonó esta realidad física e ilusoria en el séptimo día del mes lunar de Piscis, también llegó a este universo en el mismo día.

"El pueblo subió del Jordán el día diez del mes primero (mes lunar de Aries)". (*Josué* 4:19). En el séptimo día del mes lunar de Aries, tres días antes de que cruzaran el río Jordán, se les dijo que prepararan las provisiones para el viaje. "Entonces Josué dio órdenes a los oficiales del pueblo: Pasen por medio del campamento y den órdenes al pueblo, diciéndoles: 'Preparen provisiones para ustedes, porque dentro de tres días cruzarán el Jordán'". (*Josué* 1:10-11). Durante treinta días, los Israelitas lloraron la muerte de Moisés, tal como está escrito: "Los Israelitas lloraron a Moisés por treinta días en la llanura de Moab". (*Deuteronomio* 34:8). Substrayendo treinta días del mes lunar de Aries, la muerte de Moisés se remonta al séptimo día del mes lunar de Piscis. (*Talmud Babilónico*, Tratado *Meguilá*, Rashi, Pág.13b).

Este cálculo también era conocido por Hamán, quien por lo tanto leyó en las estrellas la profecía cósmica de muerte para los Israelitas. Sin embargo, no logró captar la implicación de otro verso codificado en la Biblia que traducía sus conclusiones astrológicas de muerte en unas de nacimiento y regocijo.

"Entonces Moisés fue y habló estas palabras a todo Israel, y les dijo: 'Este día tengo 120 años'". (*Deuteronomio* 31:1-2). Esta era la pieza esencial de información de la que carecía Hamán. Cuando el código bíblico insertó la palabra "este día", la Biblia estaba confirmando otra doctrina que ayudaría a la humanidad en su búsqueda de la libertad y el bienestar.

El hecho de que Moisés naciera en este día en particular, ¿coloca un énfasis de alegría en este día? ¿O acaso el cosmos, en el séptimo día del mes lunar de Piscis, genera un enorme poder de energía-inteligencia que infundió en la conciencia humana de un bebé llamado Moisés?

Cada acontecimiento, cada acción, cada idea, está conectada a través de la mente humana con el poder y la influencia cósmica. Un día que ocasionó y produjo una persona tan justa, un individuo del calibre de Moisés, infunde positividad a todo el universo en este día. Este día es el séptimo día del mes lunar de Piscis, un día muy beneficioso para iniciar un nuevo proyecto o emprendimiento.

El conocimiento es la conexión. El *Génesis* explica con detalle la relación entre conocimiento y conexión. "Y conoció Adán a su esposa Eva, la cual concibió y dio a luz a Caín". (*Génesis* 4:1). Esto va más allá del mero apareamiento biológico a través del cual los mamíferos reproducen su propia especie. Cuando ellos conocen, de alguna forma parecen tener una mayor afinidad. Ambos están conectados con lo mismo. Consecuentemente, cuando conocemos el cosmos, entendemos la conciencia cósmica y su energía-inteligencia interna, y sólo entonces conectamos con el conocimiento verdadero.

Este es el motivo por el cual la Astrología Kabbalística logra proporcionarnos una conexión con la energía cósmica en lugar de meramente apoyarse en la carta natal. Estamos principalmente preocupados por el conocimiento experimental. Cuando conectamos con los aspectos internos y externos de la energía cósmica, entonces estamos en la posición adecuada para conocer el universo y el propósito de nuestro ser.

EPÍLOGO

¿Cómo se convertirán las enseñanzas de la Kabbalah en esta Era en una herramienta en manos del hombre para atraer la luz?

Aunque alguna vez fue la columna vertebral de una civilización vibrante, la religión ha fracasado estrepitosamente en mantener la paz en tiempos difíciles. Los sociólogos, los agentes del orden público y los planificadores de gobierno parecen no tener poder para cortar de raíz la ola de drogas, enfermedades, crimen violento y desintegración moral. No es de extrañar que muchos de nosotros alberguemos sentimientos de desesperanza sin precedentes en la historia.

Tampoco es de extrañar que muchos de nosotros creamos que nuestra forma de sociedad de alta tecnología finalmente acabará en el colapso si continúan las tendencias actuales.

Los sociólogos y los planificadores de gobierno expresan ahora una profunda preocupación por nuestra capacidad para responder adecuadamente a los problemas en términos de familia, tradiciones y crisis cultural. La religión, que una vez fue considerada la columna vertebral de una sociedad vibrante y realizada, ha fallado totalmente en mantener la paz en los tiempos difíciles o cortar de raíz la ola de desintegración social y moral. Las instituciones que han apoyado las relaciones humanas se están desintegrando y perdiendo importancia en nuestra sociedad como un todo.

Una enfermedad está carcomiendo el tejido que antaño mantenía unidas a las familias, las amistades existentes, y algo de orgullo en el gobierno. Enfatizar un problema por encima de otro es meramente una estratagema cósmica que nos impide llegar al corazón y al centro de una civilización humana perturbadora y preocupante. Debemos ser capaces de responder a los desafíos de esta Era de Acuario y reconocer el tremendo obstáculo que se interpone en nuestro camino.

El concepto de "Ama a tu prójimo como a ti mismo" (*Levítico* 19:18) ha tenido poco impacto, si ha tenido alguno, sobre la gente de este planeta. Y sin embargo, esta doctrina básica ha sido la premisa básica para la existencia de la religión, lo cual, debo añadir, es aplicable también a la Kabbalah. Entonces, ¿por qué asumo que las enseñanzas de la Kabbalah crearán el cambio necesario en nuestro comportamiento humano donde otras han fallado? ¿Qué hace tan único este mensaje que otras enseñanzas parecen no incorporar?

Está escrito en el *Zóhar* (*El Libro del Esplendor*), que la Kabbalah tendría que esperar la llegada de la Era de Acuario para hacer su reaparición como herramienta para ser utilizada en manos del hombre, un instrumento electrónico para atraer Luz sobre la raza humana, que vaga confundida por la oscuridad cósmica.

Hoy en día, más que en cualquier otro momento de la historia, la

Luz está ejerciendo presión, exigiendo una revelación. En esta, la Era Mesiánica, la presión ejercida por la Fuerza sobre la humanidad será de tal intensidad que el *Zóhar* se apresuró a declarar:

"Pobre de aquel que se encuentre con este periodo; digna de alabanza es la porción de aquellos que se encuentran y que tienen la capacidad espiritual de ser convocados en este tiempo". (El Zóhar, Shemot 15:1-2).

Esto significa que aquellos de nosotros que no logremos aprovechar la energía de la Fuerza estamos condenados a sufrir las consecuencias inevitables de la incertidumbre, la desesperación y la enfermedad; mientras que aquellos de nosotros que tengamos conocimiento de las Fuerzas cósmicas y que ejerzamos una actitud adecuada, seremos bendecidos con la gracia espiritual más allá de lo que podamos llegar a imaginar.

Muchas de nuestras decepciones, frustraciones y fracasos se deben a una mala elección del momento. Si profundizamos en las raíces de un matrimonio o un negocio que han fracasado, a menudo descubriremos que el emprendimiento empezó en una de nuestras zonas cósmicas de peligro. Tener conocimiento de cuáles son estas zonas puede ayudarnos a aliviar muchos problemas.

Limitarnos a predicar por la eliminación de las barreras de la intolerancia y el odio es una tarea inútil. Intentar poner un parche a nuestros problemas con retórica sólo hará retrasar lo inevitable. La industria no nos salvará. Ni el comercio, ni la tecnología, ni el poder militar. La clave para el cambio, social e individual, es la conciencia.

La iluminación significa la revelación y la manifestación de la realidad de la Luz que todo lo abarca. Al conectar con la realidad del ámbito de nuestra conciencia, cortamos a través de la ilusión de la oscuridad y revelamos la Luz. Cuando logramos tener éxito en alterar nuestros estados de conciencia, reducimos el problema fundamental de lo "desconocido" que ha llevado a la sociedad al borde del desastre.

En nuestra generación confundida y afligida por la crisis, ¿estamos de alguna forma más equipados para alcanzar una conciencia más pura y estados de conciencia elevada? La respuesta, según confirma el *Zóhar*, es un enfático sí. La era Mesiánica dará paso a un periodo de iluminación e información sin precedentes. El hombre común, quien durante siglos ha sido apartado de la información reservada únicamente para unos físicos y cosmólogos eruditos, accederá fácilmente al reservorio de conciencia cuántica. Las dudas y la incertidumbre que asaltan a los científicos no afectarán al individuo ordinario. Experimentaremos una revolución de la información organizada por el mar de la humanidad, en lugar de nuestras instituciones superiores de aprendizaje.

Ahora regresemos a la pregunta previamente planteada. ¿Qué es lo que la humanidad comparte con la Kabbalah que coloca sus enseñanzas en un pedestal único? La visión kabbalística del mundo refleja la armonía innata de nuestro universo. Como el físico cuántico, el kabbalista entiende que la conciencia humana tiene la capacidad única de influenciar e incluso alterar radicalmente la naturaleza física del universo. Ciertamente, según el pensamiento kabbalístico, las influencias cósmicas y la actividad del hombre están íntimamente entrelazadas.

Para el kabbalista, el hombre no puede alcanzar el éxito hasta que esté conectado conscientemente con la realidad. En mayor parte, toda la humanidad tiene sus ataduras con el mundo de la incertidumbre. El argumento en contra de la certeza o predictibilidad en la naturaleza es un principio básico de la Teoría Cuántica. El Principio de Incertidumbre de Heisenberg estableció un indeterminismo inherente e inextricable en la red de toda la existencia en donde quiera que ocurra.

Desde la perspectiva kabbalística, en la raíz de este dilema se encuentra el libre albedrío, la capacidad o incapacidad de convertirnos en los capitanes de este barco y los dueños de nuestro destino. Es hacia este objetivo que apuntan las enseñanzas de la Kabbalah.

En lugar de colocar los problemas de la sociedad dentro de un marco de referencia sintomático, la Kabbalah se abre paso hasta llegar al problema básico, que está basado en el "por qué". ¿Por qué la humanidad ha recurrido a las drogas —medicinales o abusivas— en primer lugar? ¿Por qué el individuo es más vulnerable hoy más que nunca a las influencias externas? ¿Por qué la mayoría de personas se quejan de estrés en sus vidas a pesar de los muchos remedios que hay disponibles?

El *Zóhar*, en *Ajarei Mot* 4:32, afirma que en los Días del Mesías ya no habrá la necesidad de pedirle al vecino: "Enséñame la sabiduría", tal como está escrito: "No tendrán que enseñar más cada uno a su prójimo y cada cual a su hermano, diciéndole: 'Conoce a la Fuerza (el Señor)', porque todos Me conocerán, desde el más pequeño de ellos hasta el más grande". (*Jeremías* 31:33).

Así pues, al final descubrimos que el misterioso mensaje de la Kabbalah no es en absoluto un misterio. Con nuestra mirada dirigida al "camino exitoso" de la realidad, podemos superar todos los obstáculos. Es simplemente una cuestión de desconectarnos de la oscuridad de la ilusión y conectarnos conscientemente con la realidad de la Luz.

Más Libros que pueden ayudarte a incorporar la sabiduría de la Kabbalah en tu vida

La energía de las letras hebreas
Por Rav Berg

LA ENERGÍA DE LAS
LETRAS HEBREAS
RAV BERG

Cada letra del alfabeto hebreo transfiere un poder increíble de los mundos superiores a nuestra dimensión física. Sin embargo, sólo una tuvo todos los atributos necesarios para desencadenar el evento cósmico que conduciría al mundo oculto hacia el ámbito de nuestra realidad material. Como muchos saben, la letra Bet fue escogida. Es la primera letra, de la primera palabra, de la primera historia del primero de los cinco libros de Moisés.

Los kabbalistas enseñan que las letras del alfabeto hebreo son, al igual que los cables, una tecnología para transferir energía de la Luz de Dios hacia el mundo físico. La historia de las letras, a medida que éstas solicitaban el papel principal en el proceso creativo de Dios, es el plano mediante el cual el proceso de Creación fue posible. Rav Berg expone los cimientos de la Kabbalah y revela de forma poética el significado espiritual y la historia de cada una de las veintidós letras: cómo y por qué fue creada, y qué energía nos transmite.

En una época en que los físicos y metafísicos están uniendo esfuerzos e ideas, el Rav usa la historia para iluminar uno de los problemas decisivos de la actual era de quarks, quásares y mecánica cuántica.

Astrología Kabbalística: Y el Significado de Nuestras Vidas
Por Rav Berg

La Kabbalah ofrece uno de los usos más antiguos de la astronomía y astrología conocidos por la humanidad. Más que un libro sobre horóscopos, *Astrología kabbalística* es una herramienta para entender la naturaleza del ser humano en su nivel más profundo, y poner ese conocimiento en práctica inmediatamente en el mundo real. Rav Berg explica por qué el destino no es lo mismo que la predestinación, explicando que tenemos muchos futuros posibles y que podemos ser los amos de nuestro porvenir. *Astrología kabbalística* revela los desafíos que hemos enfrentado en encarnaciones anteriores, y por qué y cómo tenemos que superarlos aún.

Inmortalidad
Por Rav Berg

Este libro cambiará la forma en que percibes el mundo, si abordas su contenido con una mente y un corazón abiertos. La mayoría de las personas, entienden la vida al revés y temen y luchan contra lo que perciben como inevitable: el envejecimiento y la muerte. Pero según el gran Kabbalista Rav Berg y la antígua sabiduría de la Kabbalah, lo que es inevitable es la vida eterna. Con un cambio radical en nuestra conciencia cósmica, y la transformación de la conciencia colectiva que vendrá a continuación, podremos provocar la desaparición de la fuerza de la muerte de una vez por todas, en esta "vida".

Nano: Tecnología de la mente sobre la materia
Por Rav Berg

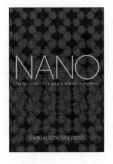

Kabbalah es todo acerca de obtener el control sobre el mundo físico, incluyendo nuestra vida personal, en el nivel más fundamental de la realidad. Se trata de alcanzar y extender el poder de mente sobre materia y desarrollar la habilidad de crear plenitud, alegría, y felicidad al controlar todo al nivel más básico de existencia. De esta manera, Kabbalah es anterior y presagia la tendencia más apasionante en los desarrollos científicos y tecnológicos más recientes, la aplicación de la nanotecnología a todas las áreas de la vida para crear resultados mejores, más fuertes, y más eficientes. En Nano, el Rav desmitifica la conexión que hay entre la antigua sabiduría de la Kabbalah y el pensamiento científico actual, y muestra como la unión de ambos pondrá fin al caos en un futuro previsible.

El *Zóhar*

Creado hace más de 2.000 años, el *Zóhar* es un compendio de 23 volúmenes y un comentario sobre asuntos bíblicos y espirituales, escrito en forma de conversaciones entre maestros. Fue entregado por el Creador a la humanidad para traernos protección, para conectarnos con la Luz del Creador y, finalmente, cumplir nuestro derecho de nacimiento: transformarnos. El *Zóhar* es una herramienta efectiva para alcanzar nuestro propósito en la vida.

Hace más de ochenta años, cuando el Centro de Kabbalah fue fundado, el *Zóhar* había desaparecido virtualmente del mundo. Hoy en día, todo eso ha cambiado. A través de los esfuerzos editoriales de Michael Berg, el *Zóhar* está disponible en su arameo original y, por primera vez, en inglés y español con comentario.

Enseñamos Kabbalah, no como un estudio académico, sino como un camino para crear una vida mejor y un mundo mejor.

QUIÉNES SOMOS:

El Centro de Kabbalah es una organización sin fines de lucro que hace entendibles y relevantes los principios de la Kabbalah para la vida diaria. Los maestros del Centro de Kabbalah proveen a los estudiantes con herramientas espirituales basadas en principios kabbalísticos que los estudiantes pueden aplicar como crean conveniente para mejorar sus propias vidas y, al hacerlo, mejorar el mundo. El Centro fue fundado en el año 1922 y actualmente se expande por el mundo con presencia física en más de 40 ciudades, así como una extensa presencia en internet. Para conocer más, visita es.kabbalah.com.

QUÉ ENSEÑAMOS

Existen cinco principios centrales:

- **Compartir:** Compartir es el propósito de la vida y la única forma de verdaderamente recibir realización. Cuando los individuos comparten, se conectan con la fuerza energética que la Kabbalah llama Luz, la Fuente de Bondad Infinita, la Fuerza Divina, el Creador. Al compartir, uno puede vencer el ego, la fuerza de la negatividad.

- **Conocimiento y balance del Ego:** El ego es una voz interna que dirige a las personas para que sean egoístas, de mente cerrada, limitados, adictos, hirientes, irresponsables, negativos, iracundos y llenos de odio. El ego es una de las principales fuentes de problemas ya que nos permite creer que los demás están separados de nosotros. Es lo contrario a compartir y a la humildad. El ego también tiene un lado positivo, lo motiva a uno a tomar acciones. Depende de cada individuo escoger actuar para ellos mismos o considerar también el bienestar de otros. Es importante estar conscientes de nuestro ego y balancear lo positivo y lo negativo.

- **La existencia de las leyes espirituales:** Existen leyes espirituales en el universo que afectan la vida de las personas. Una de estas es la Ley de causa y efecto: lo que uno da es lo que uno recibe, o lo que sembramos es lo que cosechamos.

- **Todos somos uno:** Todo ser humano tiene dentro de sí una chispa del Creador que une a cada uno de nosotros a una totalidad. Este entendimiento nos muestra el precepto espiritual de que todo ser humano debe ser tratado con dignidad en todo momento, bajo cualquier circunstancia. Individualmente, cada uno es responsable de la guerra y la pobreza en todas partes en el mundo y los individuos no pueden disfrutar de la verdadera realización duradera mientras otros estén sufriendo.

- **Salir de nuestra zona de comodidad puede crear milagros:** Dejar la comodidad por el bien de ayudar a otros nos conecta con una dimensión espiritual que atrae Luz y positividad a nuestras vidas.

CÓMO ENSEÑAMOS

Cursos y clases. A diario, el Centro de Kabbalah se enfoca en una variedad de formas para ayudar a los estudiantes a aprender los principios kabbalísticos centrales. Por ejemplo, el Centro desarrolla cursos, clases, charlas en línea, libros y grabaciones. Los cursos en línea y las charlas son de suma importancia para los estudiantes ubicados alrededor del mundo quienes quieren estudiar Kabbalah pero no tienen acceso a un Centro de Kabbalah en sus comunidades.

Eventos. El Centro organiza y dirige una variedad de eventos y servicios espirituales semanales y mensuales en donde los estudiantes pueden participar en charlas, meditaciones y compartir una comida. Algunos eventos se llevan a cabo a través de videos en línea en vivo. El Centro organiza retiros espirituales y tours a sitios energéticos, los cuales son lugares que han sido tocados por grandes Kabbalistas. Por ejemplo, los tours se llevan a cabo en lugares en donde los kabbalistas pudieron haber estudiado o han sido enterrados, o en donde los textos antiguos como el *Zóhar* fueron escritos. Los eventos internacionales proveen a los estudiantes de todo el mundo la oportunidad de hacer conexiones con energías únicas disponibles en ciertas épocas del año. En estos eventos, los estudiantes se reúnen con otros estudiantes, comparten experiencias y construyen amistades.

Voluntariado. En el espíritu del principio Kabbalístico que enfatiza el compartir, el Centro provee un programa de voluntariado para que los estudiantes puedan participar en iniciativas caritativas, las cuales incluyen compartir la sabiduría de la Kabbalah a través de un programa de mentores. Cada año, cientos de voluntarios estudiantes organizan proyectos que benefician sus comunidades tales como alimentar a las personas sin hogar, limpiar playas y visitar pacientes de hospitales.

Uno para cada uno. El Centro de Kabbalah busca asegurar que cada estudiante sea apoyado en su estudio. Maestros y mentores son parte de la infraestructura educativa que está disponible para los estudiantes 24 horas al día, siete días a la semana.

Cientos de maestros están disponibles a nivel mundial para los estudiantes así como programas de estudio para que continúen su desarrollo. Las clases se realizan en persona, vía telefónica, en grupos de estudio, a través de seminarios en línea , e incluso con estudios auto dirigidos en formato audio o en línea. Para conocer más, visita www.ukabbalah.com

Publicaciones. Cada año, el Centro traduce y publica algunos de los más desafiantes textos para estudiantes avanzados incluyendo el *Zóhar*, *Los escritos del Arí*, y las Diez emanaciones con comentario. Extraído de estas fuentes, el Centro de Kabbalah publica libros anualmente en más de 30 idiomas y a la medida de estudiantes principiantes e intermedios, las publicaciones son distribuidas alrededor del mundo.

Proyecto Zóhar. el *Zóhar*, texto principal de la sabiduría kabbalística, es un comentario de temas bíblicos y espirituales, compuesto y compilado hace más de 2000 años y es considerado una fuente de Luz. Los kabbalistas creen que cuando es llevado a áreas de oscuridad y de agitación, el *Zóhar* puede crear cambios y traer mejoras. El Proyecto

Zóhar del Centro de Kabbalah comparte el *Zóhar* en 30 países distribuyendo copias gratuitas a organizaciones e individuos como reconocimiento de sus servicios a la comunidad y en áreas donde hay peligro. Desde el 2007, mas de 400,000 copias del *Zóhar* fueron donadas a hospitales, embajadas, sitios de oración, universidades, organizaciones sin fines de lucro, servicios de emergencia, zonas de guerra, locaciones de desastres naturales, a soldados, pilotos, oficiales del gobierno, profesionales médicos, trabajadores de ayuda humanitaria, y más.

Apoyo al estudiante:

Como la Kabbalah puede ser un estudio profundo y constante, es útil tener a un maestro durante el viaje de adquisición de sabiduría y crecimiento. Con más de 300 maestros a nivel internacional trabajando para más de 100 localidades, en 20 idiomas, siempre hay un maestro para cada estudiante y una respuesta para cada pregunta. Todos los instructores de Apoyo al estudiante han estudiado Kabbalah bajo la supervisión del Kabbalista Rav Berg. Para más información, llama a los siguientes números gratuitos dependiendo dónde te encuentres:

Colombia: 009 800 5222 2524
Chile: 800 202 048
Mexico: 001 800 522 2252
USA y Puerto Rico: 1 888 806 3045
Venezuela: 0 800 100 2699

apoyo@kabbalah.com
twitter: @aprendekabbalah

Para más información:
es.kabbalah.com/ubicaciones
es.kabbalah.com

Información de Contacto de Centros y Grupos de Estudio

ARGENTINA:

Buenos Aires
Teléfono: +54 11 4771 1432
kcargentina@kabbalah.com

COLOMBIA:

Bogotá
Teléfonos: +57 1 321 7430 /
+57 1 212 6620 / 6621
kcbogota@kabbalah.com
Facebook: Centro de Kabbalah Bogotá
Twitter: @kabbalah_Co

Medellín
Teléfonos: +57 4 311 9004 /
+57 313 649 2898
kcmedellin@kabbalah.com
Facebook: Centro de Kabbalah
Medellín

ESPAÑA:

Madrid
Teléfono: +34 9 11883526
kcspain@kabbalah.com
Facebook: Centro Centre Spain
Twitter: KabbalahCentreSpain

MÉXICO:

D.F., Polanco
Teléfono: +52 55 52 80 05 11
kcmexico@kabbalah.com
Facebook: kabbalahmexico
Twitter: kabbalahmx

D.F., Tecamachalco
Teléfono: +52 55 55 89 44 64
kcmexico@kabbalah.com
Facebook: kabbalahmexico
Twitter: kabbalahmx

Guadalajara
Teléfonos: +52 33 31 23 09 76 /
+52 33 15 96 24 78
kcguadalajara@kabbalah.com
Facebook: Kabbalah Centre
Guadalajara
Twitter: kabbalahgdl

San Luis Potosí
kcsanluispotosi@kabbalah.com

PANAMÁ:

Teléfono: +507 396 5270
kcpanama@kabbalah.com

PARAGUAY:

Teléfono: +598 981 576 740
paraguay@kabbalah.com

PERÚ:

Teléfono: +511 422 2934 /
+51 98741 1087
peru@kabbalah.com
Facebook: Kabbalah Perú
Twitter: kabbalahperu

PUERTO RICO:

Teléfono: +1 787 717 0281
kcpuertorico@kabbalah.com

URUGUAY:

Teléfono: 00 59894 793900
uruguaykabbalah@gmail.com

VENEZUELA:

Caracas
Teléfono: +58 212 267 7432 / 8368
caracastkc@kabbalah.com
Facebook: Centro Kabbalah Venezuela
Twitter: KabbalahVe

Valencia
Teléfono: 241 843 1746
venezuelatkc@kabbalah.com

CENTROS EN EUA:

Boca Ratón, FL +1 561 488 8826
Los Ángeles, CA +1 310 657 5404
Miami, FL +1 305 692 9223
Nueva York, NY +1 212 644 0025

CENTROS INTERNACIONALES:

Londres, Inglaterra +44 207 499 4974
París, Francia +33 6 68 45 51 41
Toronto, Canadá +1 416 631 9395
Tel Aviv, Israel +972 3 52 66 800

"Quiero agradecer desde lo más profundo mi alma al Rav
y Karen por estar dispuestos a darlo todo para que
personas como nosotros tengan acceso a la Kabbalah y
su linaje, ¡¡¡qué mérito!!!

A Yehuda y Michael por continuar el camino y ayudarnos
a mejorar nuestras vidas dándonos la oportunidad y
herramientas para ser mejores seres humanos cada día.

A todos los maestros y jevres del centro de Kabbalah por
apoyarnos y ayudarnos a pasar al siguiente nivel.

Josef y Sarah"